좋은 문장을
쓰고 싶다면

소소하지만 굉장한 우리말 맞춤법 이야기

쓰	좋
고	은
싶	문
다	장
면	을

¶

이진원 지음

산지니

죽순장아찌를 담그며

6월이면 죽순장아찌를 담근다. 내 입에는 맹종죽보다는 분죽이 훨씬 더 식감이며 향이 좋아서 해마다 경남 하동에서 분죽 죽순을 주문한다. 장아찌 만드는 법은 별로 어렵지 않다. 먼저 생죽순을 거꾸로 세워 잡고 세로로 반으로 가른다. 이 상태에서 껍질을 벗기면 하나하나 일일이 떼지 않아도 돼 손쉽다. 반으로 갈라 껍질을 벗긴 죽순은 된장과 쌀뜨물을 살짝 푼 물에 삶는다. 20분쯤 있다가 불을 끈 뒤 건지지 않은 채 그대로 식히면 아린 맛이 잘 빠진다.

식은 죽순은 건져 내어 먹기 좋게 썬다. 아니, 썬다기보다는 세로로 죽죽 긋는다. 다들 아시다시피 대나무에는, 그러니까 죽순에도 세로로 결이 있어서 힘을 별로 안 들여도 쉽게 잘린다. 이때 살짝 고개를 드는 쾌감은 생각지 못한 즐거움. 이렇게 손질한 죽순은 간장과 물엿 푼 물에 넣고 다시 20분쯤 끓인다. 이땐 다시마도 몇 조각 넣는다. 자, 이러면 끝이다. 말로 설명하니 어려워 보이지만, 사실 아주 간단하고 단순한 작업이다.

죽순장아찌는 여름철 밑반찬으로 딱이다. 물론, 꽤 좋은 맥주 안주가 되기도 한다. 나는 죽순장아찌를 먹을 때 마디가 성긴 밑동 쪽보다는 마디가 오밀조밀 모여 있는 끝부분을 더 즐긴다.(죽순이 저런 모양이 되는 건 뿌리 쪽부터 성장하기 때문이다.) 해서, 껍질을 까다가 간혹 부러지기도 하는 끝부분을 모두 버리지 않고 장아찌로 만든다.

아, 삶은 죽순을 몽땅 장아찌로 담그지는 않는다. 절반쯤은 따로 뒀다가 죽순 회나 초무침으로 즐긴다. 된장찌개에 넣기도 한다. 고기 구울 때 곁들여도 훌륭한 곁들이가 된다. 된장찌개에 넣거나 고기 구울 때 곁들일 죽순은 냉동 보관해야 오래 두고 먹을 수 있다.

어쨌거나, 이렇게 다양한 방식으로 죽순을 먹을 때마다, 대나무에 마디가 없으면 참 밋밋하겠구나, 하는 생각을 한다. 대나무 처지에서야 마디가 없으면 힘이 없어 똑바로 서지 못할 판이니 당연한 일이겠지만, 그 마디 덕분에 죽순을 먹을 때 더 풍성한 식감을 느낄 수 있으니, 죽순 애호가로선 고맙기만 한 일이다. 죽순 이야기가 나와서 하는 말인데, '해마다 하나씩 마디를 쌓아 올린 대나무' 어쩌고 하는 시구절을 본 적이 있다. 하지만 대나무 마디는 한 해에 하나씩 생기는 게 아니라 땅속에서 마디를 다 갖춰서 나온다. 죽순이 '한 살짜리 대나무'라는 걸 생각하면 헷갈리지 않았을 텐데, 아마 나이테와 비슷한 것으로 착각을 했던 모양이다.

쓸데없이 서두가 길었는데, 바로 결론으로 가자. 이 책이 묶이게 된 건 순전히 저 '마디' 때문이다. 초여름 어느 날, 아삭거리는 죽순을 씹다가 내 삶에 마디를 하나 만들었으면 하는 생각이 갑자기 들었던 것. 국어국문학과를 졸업한 게 어제 일 같은데 벌써 퇴직을 눈앞에 둔 나이가 되고 보니 평생 해 온 교열이라는 일, 교열기자라는 직업을 정리하는 마디를 하나 만들어야겠다 싶었다. 거기에 하나 더하자면, 독자들에게 돌려드리고 싶었다. 32년간 쌓아 온 것들을 한데 모아 우리말 사용자들이 더 쉽고 편하게 바른 말글을 쓰시게 하고 싶었다.

세상 이치가, 알면 편하게 마련이다. 어쩔 줄 몰라 불안하고 우왕좌왕하게 되는 건 상황을 잘 모르기 때문인 것. 상가에 문상하러 가서 느끼는 불안도 따지고 보면 같은 맥락이다. 상주에게 무슨 말을 해야 하나, 향은 몇 개나 꽂아야 하나, 잔은 어떻게 올려야 하나, 헌화할 때 꽃은 어느 방향으로 놓아야 하나, 절할 때 어느 손을 위로 올려야 하나, 상주에게 악수를 청해야 할까…. 이런 걸 모두 알고 문상을 가면 불안을 느낄 이유가 없다. 언어도 마찬가지여서, '한국말은 어렵다'는 생각 역시 우리말에 대해 잘 모르기 때문에 생기는 것이다. 그게 이 책을 엮은 또 다른 이유다. 물론, 이 책 한 권으로 그런 생각, 그런 두려움을 모두 없앨 순 없겠지만, 적어도 대강의 원리를 깨치게 되니 우리말에 관한 한 이전과는 비교할 바 없이 편해지리라 믿는다.

이로써 2005년 펴낸 『우리말에 대한 예의』, 2010년 펴낸 『우리말 사용 설명서』에 이어 세 번째 책이 묶였다. 삼세번 책을 냈으니 뭔가 매듭을 짓는 데도 마침맞다 싶다.(오해는 마시라. 앞에 펴낸 저 두 권은 절판됐으니, 절대로, 광고를 하는 게 아니다. 절대로…) 이 과정에서 좋은 쪽이든 나쁜 쪽이든 내게 영향을 끼친 모든 분에게 깊이 감사 드린다. 그분들이 격려가 되고 자극이 되고 글감이 된 덕분에 오늘 내가 있는 것이다.

아, 30년 넘게 다른 사람 글 고치는 일을 업으로 삼은 사람으로서 마지막 조언을 하나 드린다. 교열기자로 살아오면서 가장 많이 받은 질문은 '어떻게 해야 글을 잘 쓸 수 있느냐'는 것. 내가 드린 답은 의외로 간단하다. '생각을 많이 하시라'는 것. 글이 심장에서 나오겠는가, 발끝에서 나오겠는가, 아니면

좋은 문장을 쓰고 싶다면

손가락에서 나오겠는가. 글은, 당연히, 머릿속에서 나온다. 그러니, 생각이 없으면 대체 무슨 글을 쓸 수 있겠는가. "생각하는 습관을 기를 것." 이게 내 대답이자 조언인 이유다. 중국 송나라 문인 구양수(歐陽修)도 그랬다. 많이 읽고, 많이 듣고, 많이 생각하라고…. 글 잘 쓰는 요령은 예나 지금이나 변함이 없는 셈이다. 거기에 내 경험을 덧붙이자면 '쉽고, 짧게' 쓰라는 것.(그러자면 '말 하듯이' 쓰라는 것.) 그게 글을 잘 쓰는 요령의 처음이자 끝이다.

자, 이 조언으로 나는 이제 마디를 맺고, 죽순 장아찌에 맥주나 한잔 할란다.

2020년 가을날
이진원

차례

2장

문법, 좋은 문장을 위한 무기

3장
문장의 의미를 헷갈리게 하는 말들

4장

내 문장이 틀렸다고요?

5장

문장의 품격을 높이는 건 한 곳 차이

¶
말은 거꾸로, 혹은 다르게 해석될 수도 있다. 생각이 다 같을 수는 없기 때문이다. 그러니 달리 해석될 여지를 줄이는 게 바로 분명한 글, 좋은 글을 쓰는 지름길이다. 상대를 배려하고 생각을 잘 정리하는 게 글을 잘 쓰는 첫째 조건인 셈이다.

1장

당	신	의		문	장	은			
더		좋	아	질		수		있	다

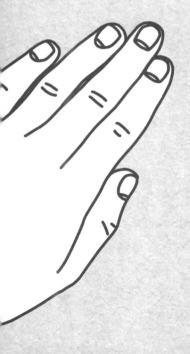

¶
슬픔은 생각이 아닌 마음이다
글을 짧게 쓰는 요령

개인적으로, 글을 판단하는 두 가지 기준이 있다. 하나는 '단어 선택이 정확한가', 다른 하나는 '문장 길이가 짧은가'이다. 단어 선택이야 더 말할 게 없으니, 오늘 눈여겨볼 것은 글을 짧게 쓰는 요령이다. 바꿔 말하면, 쓸데없는 말을 줄이는 요령.

'미군의 승리라고 말해지는 2차 세계대전.'

이 문장은 먼저 '미군의 승리라고 말하는 2차 세계대전'으로 줄일 수 있겠다. '말하다'를 굳이 '말해지다'라는 피동형으로 쓸 이유가 없기 때문. 또 여기서 '미군이 승리했다는 2차 세계대전/미군이 승리한 2차 세계대전'으로 더 줄일 수도 있다. 결국, (겹)피동을 피하는 게 짧게 쓰는 요령인 것이다. 피동형은 자신감 없는 문장을 만들기도 한다. 능동문을 즐겨 써야 하는 이유다.

같은 방식으로, '계속되어지고 있는'은 '계속되고 있는→계속되는'으로 줄일 수 있을 터. '~를 필요로 한다'도 '~가 필요하다'면 충분하다. 길이가 짧아질 뿐만 아니라 글에 대한 신뢰도 높아지니 일석이조인 셈. 이처럼 글은, 덜어 내면 덜어 낼수록 전달하는 힘은 되레 좋아진다.

'롯데는 상대 에이스를 흔들리게 하기 위해 1회 초부터 번트를 댔다.'

이 문장은 어떻게 해야 할까. 번트를 댄 주체는 롯데이므로 '흔들리게 하기 위해'를 '흔들기 위해, 흔들려고'로 손봐야 한다.

'그에 의해 목숨을 잃은 사람이 100여 명이었다'를 줄여보자.

→ 그에게 목숨을 잃은 사람이 100여 명이었다.

→ 그가 목숨을 앗은 사람이 100여 명이었다.

→ 그가 죽인 사람이 100여 명이었다./그는 100여 명을 죽였다.

글이 짧아지는데 뜻은 더 분명해지니 이보다 좋을 수는 없다. 여기 나온 '~에 의해'는 웬만하면 쓰지 않는 게 매끄럽다.

태풍에 의해 부서진 집. → 태풍에 부서진 집.

그는 게슈타포에 의해 체포됐다. → 그는 게슈타포에게 체포됐다.

'아쉽게 생각한다'도 '아쉽다'면 충분하다. 아래는 김종필 전총리 사망 소식을 다룬 어느 기사 가운데 한 구절.

'정몽준 아산재단 이사장도 빈소를 찾아 조문한 뒤 "저희가 제일

존경하는 분인데 아주 슬프게 생각한다"고 말했다.'

　여기서 '슬프게 생각한다'도 '슬프다'면 충분했다. 슬픔은, 생각이 아니라 마음이기도 한 터여서….

¶
빼도 말이 된다면 빼라

"아주 좋은 공으로 보여집니다."

어느 야구 해설자의 말인데, 좀 어색하다. 경기 상황을 손안에 놓고 주물러야 할 사람이 자신 없는 피동 표현을 썼기 때문이다. 야구에 관한 한 주관적으로 전지전능해야 할 해설자가 어정쩡한 객관적 자세를 취하는 것은 직무 태만일 수도 있다. 하물며 겹피동이라면…. 저기서 피동을 하나 빼면 이렇게 된다.

"아주 좋은 공으로 보입니다."

피동을 하나 더 빼면 이렇다.

"아주 좋은 공입니다."

이렇게 주관적이고 단정적이라야 해설에도 힘이 생긴다. 여기서 보듯이, 피동 표현 역시 군더더기말에 해당한다. 빼도 말이 된다면 빼야 된다. 없어도 의미 전달에 아무런 어려움이 없는 말이라면 쓸데없는 말이라는 뜻. 실제로 보자.

당일날/심리적 만족감/30여 분쯤

'당일날'은 뭘 빼야 할지 바로 눈에 들어온다. '당일'이면 충분하니 굳이 '날'을 덧붙일 필요가 없다. 비슷한 표현으로는 '생일날, 주일날'이 있는데 역시 '생일, 주일'이면 충분하다.(한데, 국립국어원이 펴낸 〈표준국어대사전〉(표준사전)엔 '생일날, 주일날'도 실려 있다. 하도 많이들 써서 인정하고 만 것인지….)

'심리적 만족감'에서는 '심리'와 '감'이 겹친다. '심리적 만족'이면 중복을 피할 수 있는데, 그냥 '만족감'이라고만 쓰는 게 더 깔끔하다. '30여 분쯤'에서는 '여'와 '쯤'이 모두 어림치임을 나타내는 말이어서 둘 가운데 하나를 뺀 '30여 분'이나 '30분쯤'이면 충분하다.

'싱크홀의 원인으로 하수관 손상으로 인한 누수와 지반 약화가 약 84%인데 서울시에는 30년 이상 노후화된 하수관이 약 48%에 달한다.'

기사에서 흔히 보는 말 가운데 이처럼 '노후화되다'라는 피동 표현이 있다. 표준사전에도 이렇게 실려 있다.

노후화되다 오래되거나 낡아서 쓸모가 없어지다.

한데, 다른 말들도 보자.

노후화하다 오래되거나 낡아서 쓸모가 없게 되다.

노후하다 제구실을 하지 못할 정도로 오래되고 낡다.

이걸 가만히 보면, '노후화되다/노후화하다'는 모두 '노후하다'나 '오래되다'나 '낡다'로 바꿔도 전혀 무리가 없음을 알 수 있다. 사실 '노후화된 체육관'보다 '노후한 체육관/낡은 체육관'이 글자 수도 적고 깔끔한 데다 힘까지 있어 보인다. 피동 표현을 쓰지 않는 게 자신감 있는 글을 쓰는 첫걸음이다.

'개'는 아이에게 양보하자

"한 개도 안 무서워!"

어린아이에게 무섭지 않으냐고 물으면 의외로 저런 답이 많다. 기분이 좋지 않을 땐 "한 개도 안 좋아"라고 외치기도 한다. 아이들에겐 무서움이나 좋아하는 마음도 숫자로 표현할 수 있는 능력이 있다. 단, 저런 능력은 아이일 때만이다.

'미국 경제지 월스트리트저널은 최근 "전 세계 520개 LNG선이 해양을 누비고 있는데, 2020년까지 28% 더 늘어날 것"이라며 이 같이 분석했다.'

어른이 돼서도 이렇게 '개'를 좋아하면, 좀 곤란하다. 이 문장에 나온 '520개 LNG선'은 누가 보더라도 어색하기 때문이다. 〈표준국어대사전〉을 보자.

> **개(個/箇/介)** 낱으로 된 물건을 세는 단위.(사탕 한 개./사과 몇 개.)

이러니 LNG선을 '개'로 세어도 될 듯하지만, 엄연히 배를 세는 단위 '척'이 있으니, 저 '개'는 어린아이들에게나 양보하자.

'다섯 개의 시선, 다섯 개의 수다, 다섯 개의 여유, 다섯 개의 거짓말, 다섯 개의 봄, 다섯 개의 기적.'

이런 표현도 좀 삼갈 일이다. 표준사전 뜻풀이에서 보듯이 '개'는 낱으로 된 '물건'을 세는 단위이니 '시선, 수다, 여유, 거짓말, 봄, 기적'에 쓰기에는 적절치 않다. 어느 신문 칼럼 제목 〈두 유씨 이야기와 세 개의 교훈〉도 〈…세 가지 교훈〉이나 〈…교훈 셋〉쯤이면 좋았을 터.
'60여 개 업체→60여 업체, 다섯 개 동→다섯 동'에서 알 수 있듯이 '개'는 필요 없을 때가 많다. 그러니, 뺄수록 부드러워진다.

'…한 개 주방으로 여러 사업자가 영업신고 하는 것이 가능해진다. 예를 들어 1개 주방에서 햄버거·반찬사업·족발가게·치킨집이 같이 영업할 수 있게 된다.'

이 기사에 나온 '한 개 주방/1개 주방'도 '한 주방/주방 하나'가 적당했다.

'자원이 풍부해도 못사는 나라, 그 이유를 밝히는데 경제학자들은 수많은 노력을 기울였다.'

좋은 문장을 쓰고 싶다면

어느 경제학 교수의 칼럼 구절인데, 여기선 '수많은'이 적절치 않다. 표준사전을 보자.

> **수많다** (주로 '수많은' 꼴로 쓰여)수효가 매우 많다.(그 가수는 수많은 관객을 열광시켰다./여름날 백사장에 모여든 수많은 사람이 원색의 물결을 이루고 있다./인근 바닷가로 떠나는 수많은 연락선이 발동을 걸고 손님을 태우고 있었다.)

이처럼, 낱낱을 셀 때 써야 어울리는 말이어서, '노력'을 꾸미기엔 어색했던 것. '수많은 책'은 돼도 '수많은 사랑'은 어색하다는 얘기다. '수많은 노력'은, '많은 노력'으로도 충분했다.

¶
차례를 지켜야지
어순을 바꿔 보자

바둑 둘 땐 순서가 참으로 중요하다. '① ② ③'으로 둬야 할 걸 '① ③ ②'로 두면 큰일 난다. '수순' 착오는 바둑을 망치는 지름길인 것. 차례가 바뀌면 곤란할 일이 말글살이라고 없을 리 없다.

'그는 '동료'들에게 "폭탄(bomb·관객의 무반응을 일컫는 업계 용어)을 맞더라도 계속 무대에 올라봐야 감을 잡을 수 있다"며 절대 포기하지 않았으면 좋겠다는 당부를 남겼다.'

스탠딩 코미디를 다룬 이 기사는 마치 '동료들에게 폭탄을 맞는' 것처럼 보일 수 있는 데다, 당부를 누구에게 했는지도 불분명하다. 이런 혼란은, 어순만 살짝 바꾸면 줄일 수 있다.

→ 그는 "폭탄(bomb·관객의 무반응을 일컫는 업계 용어)을 맞더라도 계속 무대에 올라봐야 감을 잡을 수 있다"며 '동료'들에게 절대 포기하지 않았으면 좋겠다는 당부를 남겼다.

아래 글에서는 둘째 문장이 껄끄럽다.

좋은 문장을 쓰고 싶다면

'연예계의 대표적인 몸짱 스타 김종국 씨가 우람한 근육질 몸매를 공개한 후 논란에 휩싸인 바 있다. 네티즌들이 이른바 '능력자'라는 별명까지 가진 김 씨가 공익근무요원 판정을 받은 것에 대해 '저 몸으로 군대를 안 갔단 말이냐'며 병역기피 의혹을 제기한 것이다.'

역시 주어(네티즌들이)와 목적어·서술어(의혹을 제기한 것이다) 사이가 너무 벌어진 탓인데, 아래처럼 어순을 바꿔서 원인을 제거하면 부드러워진다.

'이른바 '능력자'라는 별명까지 가진 김 씨가 공익근무요원 판정을 받은 것에 대해 네티즌들이 '저 몸으로 군대를 안 갔단 말이냐'며 병역기피 의혹을 제기한 것이다.'

아래는 어느 신문 사진설명인데, 첫 문장이 어색하다.

'사량도의 상징인 상도와 하도를 연결하는 사량대교. 사진 오른쪽이 면소재지가 위치한 상도 금평마을이다.'

이렇게 되면 사량도의 상징은 '상도', 혹은 '상도와 하도'가 될 판이다. 섬 자체가 섬의 상징일 수는 없으니 '상도와 하도를 연결하는, 사량도의 상징 사량대교'라야 했다.(물론 '사량도의 상징인, 상도와 하도를 연결하는 사량대교'처럼 쉼표를 찍는 수도 있다. 여담이지만, 둘째 문장도 많이 어색하다. 사진설명이니까 '사진'도 필요없는 말인 데다, '면소재지가 위치한 금평마을'은 '면소재지인 금평마을'이라야 적절했다.)

'해외 재산 도피'도 뜻이 통하지 않는 건 아니지만, '재산 해외 도피'라야 더 쉽고 분명하고 우리말답다. 퇴고할 때 단순히 오·탈자만 볼 게 아니라 어순을 바꿔 보기도 해야 하는 이유다. 글은, 매만지는 만큼 반응하고 보답한다.

좋은 문장을 쓰고 싶다면

오·탈자 막기만큼 중요한 어순

'탄성이 상당한 만두피가 간신히 꽉 찬 소를 버텨내는 손만두.'

뭔가 어색한 이 문장, 어떻게 고쳐야 할까. 어색한 이유를 알면 해결은 손쉽다. 부사 '간신히'와 서술어 '버텨내는' 사이에 뭔가가 끼어든 게 어색해진 가장 큰 이유. 그러니 '탄성이 상당한 만두피가 꽉 찬 소를 간신히 버텨 내는 손만두'로 고치면 훨씬 부드러워진다. 꾸미는 말과 꾸밈을 받는 말은 될 수 있으면 가까이 두는 게 좋다. '바이러스성 결막염은 여름철에 발생하는 눈의 대표적인 감염성 질환이다'는 어떻게 고치면 될까. '발생하는 눈의'가 어색하므로 이렇게 순서를 손보는 게 좋겠다.

'바이러스성 결막염은 여름철에 발생하는 대표적인 감염성 눈 질환이다.'

이러면 어색함도 피할뿐더러 문장도 더 짧아진다. 순서라는 건, 이 정도로 중요하다. 특히 (업무는 못 해도 되지만, 의전에 실패해서는 안 된다는)한국 사회에서는 더욱더…. 순서가 얼마나 중요한지 사례를 하나 더 보자면, 충청도의 어느 신문 애긴데, 韓日會談(한일회담)을 日韓會談(일한회담)으로 쓰는 바람에 1953년 폐간을 당하고 말았다. 물론 그 전해에 大統領(대통령)을 犬統領(견통령)으로 잘못 써서 정간당한 일도 어느 정도는 작용했겠지만…. 어쨌거나 순서라는 건, 이렇게나 중요하다. 그래서 한국, 중국, 일본 세 나라가 모일 때는 모든 언론이 '한·중·일'이라 쓴다. '한·일·중'으로 쓰는 건, 모험에 가까운 일이라고나 할까. 암묵적 순서가 있는 것이다.

"트럼프 대통령과 김정은 국무위원장이 2차 북미정상회담의 날짜와 장소를 확정한 것을 환영합니다."

2차 북·미정상회담 개최가 확정되자 김의겸 청와대 대변인이 이렇게 브리핑을 했다. 외교부도 이렇게 밝혔다.

'강경화 외교장관은 북미 고위급 회담, 스톡홀름 남북미 북핵 수석대표 회동에 이어…북미간 후속협상을 통해 2차 북미정상회담이 성공적으로 개최되기를 기대한다고 하였다.'

정부의 명명에 따라 언론도 '북·미'정상회담이라고 쓴다. 하지만 굳이 '미·북'정상회담이라고 쓰는 신문도 몇 있다. 같은 민족보다는 동맹국이 더 중요하다는 생각이라면 그럴 수도 있겠다. 다만 문제는, 누군가가 "북·미"라고 했는데도 인용할 때 "미·북"으로 순서를 바꾸기도 한다는 것. 엄밀히 따지지 않더라도, 왜곡이다. 원전(텍스트)이 의심을 받으면, 해설이나 주장 또한 힘을 얻기는 어려운 법. 언론으로서는 스스로 무덤을 파는 일일 수도 있다는 얘기다.

¶

군더더기 덜어 내기

> **군더더기** 쓸데없이 덧붙은 것.(군더더기가 많다./군더더기를
> 붙이다./좋은 글은 군더더기가 없어야 한다./두 속은 피차에 환하게
> 들여다보고 있는 듯하여 잔사설을 늘어놓는 것이 도리어 군더더기
> 같았다.〈현진건, 적도〉)

〈표준국어대사전〉 뜻풀이인데, 보기글에 나온 것처럼, 좋은
글을 쓰려면 군더더기를 없애는 훈련이 필요하다. 이를테면
〈병원장 도장 날인 · 근로계약서 위조 · 자금 횡령 행정원장〉이
라는 기사 제목을 보자. '날인(捺印)'이 '도장을 찍음'이라는 뜻
이니 구태여 '도장 날인'이라고 쓸 필요가 없다. '병원장 날인'
이나 '병원장 도장 찍어'라야 했던 것.

〈주한 키르기스스탄 대사, "정부 인정하지 않는다, 해외에
정치망명 신청"〉이라는 제목에도 역시 군더더기가 있다. '망
명'의 표준사전 뜻풀이는 '혁명 또는 그 밖의 정치적인 이유로
자기 나라에서 박해를 받고 있거나 박해를 받을 위험이 있는
사람이 이를 피하기 위하여 외국으로 몸을 옮김'. 그러니 '망
명'이면 충분한데 군이 '해외 망명'이라고 할 일이 아니다. 아

래는 부산시 체육시설관리사업소 누리집(홈페이지) '시설대관
안내'에 나와 있는 '경기장별 온라인/오프라인 신청 가능 경기
장' 안내.

온라인: 아시아드보조경기장, 사직실내체육관, 구덕실내체육관,
강서실내체육관, 기장체육관
오프라인: 아시아드주경기장, 구덕주경기장, 요트경기장광장, 강
서체육공원테니스장, 강서체육공원, 양궁경기장

한데 여기 나온 '실내체육관'들도 어색하다. '실외'체육관이
있을 수 없기 때문이다. 표준사전을 보자.

-관(館) (일부 명사 뒤에 붙어)'건물' 또는 '기관'의 뜻을 더하
는 접미사.(대사관./도서관./박물관./영사관./영화관./체육관.)

이렇게 '건물'에만 붙일 수 있는 접미사를 쓰면서 왜 '실내'
라는 군더더기를 붙이는지 모를 일이다.('기장체육관'은 제대로
썼다.) 게다가, 아시아드보조경기장이나 요트경기장광장은 건
물이 아닌데도 '대관'이라니….

'수십여명의 사망자를 낸 라오스 댐 붕괴사고의 시공사인 SK건설이
정부의 해당 사업 추진 단계부터 특혜를 받았다는 주장이 나왔다.'

이 기사에도 군더더기가 보인다. '수십여명'이 문제인 것. '수십'에 그 수를 넘는다는 뜻의 접미사 '-여'가 붙으면 수백 명인지 수천 명인지 알 길이 없다. 아마도 '수십 명'이라는 뜻 일 터.

¶

과유불급이라

같은 단어를 반복하지 말자

'공무원의 가장 좋은 점은 정년이 보장된다는 점이다.'

이 어색한 문장은 일단 이렇게 손보는 게 좋겠다.

'공무원의 가장 좋은 점은 정년 보장이다.'

가장 껄끄러운 게 '…점은 …점이다' 꼴이었는데, 이런 구조를 바꾸는 게 바로 글을 다듬는 첫걸음이다. 했던 말 자꾸만 하면 믿음이 가지 않듯이, 글에서도 같은 단어가 반복되면 신뢰가 떨어진다.

'그림 속 풍경은 1910년대 부산항의 모습이다. 매립으로 인한 지형변화 이전이라 지금의 모습과는 선뜻 비교하기 힘들다.'

여기서도 '모습'을 거듭 쓰는 바람에 껄끄럽다. 사실, 이 두 '모습'은 아예 쓰지 않아도 됐다. 퇴고가 얼마나 중요한지 보자.

'그림 속 풍경은 1910년대 부산항이다. 매립으로 지형이 변화하기

이전이라 지금과는 선뜻 비교하기 힘들다.'

물론, 단순히 같은 단어 반복만 피해서 될 일은 아니다. 쓰지 않아도 되는 말을 쓰지 않는 것, 이게 바로 좋은 글을 쓰는 첫걸음이기 때문이다.

〈부산시립미술관 '이우환 공간' 유료화 전환〉

어느 신문 제목인데, '유료화 전환'이 껄끄럽다. '유료화'나 '유료 전환'으로도 충분했기 때문.

'초량돼지갈비는 고기의 두께가 다른 곳에 비해 두툼하다는 것도 특징이다.'

이 문장은 '두툼'에 이미 '두께'가 들어 있으니 아래처럼 고치는 게 좋다.

'초량돼지갈비는 고기가 다른 곳에 비해 두툼하다는 것도 특징이다.'

'불법 도청' 역시 '도청'으로 줄여야 한다. 모든 고문이 불법이라서 '합법 고문'이 있을 수 없듯이, 도청 역시 합법이 있을 수 없으니 '불법 도청'은 겹말인 것. 허가 받아서 합법적으로 하는 도청이 있다고? 그건 도청이 아니라 감청이다.

'지난번은 지방선거를 겨냥한 이벤트로 한 남북정상회담이였다면 이번은 경제 폭망을 뒤덮고 사회체제 변혁을 준비하기 위한 이벤트 행사로 보여지는데 다급하기는 다급했나 봅니다.'

2018년 김정은 북한 국무위원장의 답방을 두고 홍준표 전 자유한국당 대표가 페이스북에 올린 글이다. 여기서 '남북정상회담이였다면'은 '남북정상회담이었다면'이라야 하고, '보여지는데'는 겹피동이니 '보이는데'로 고쳐야 하는데, '이벤트 행사'도 '행사'로 써야 했다. '이벤트'가 바로 '행사'이기 때문이다.

실수를 줄이려면 쉬운 말을 쓸 수밖에
한자말의 묘한 함정

'문제는 경선을 끝으로 갈등이 봉합되는 것이 아니라 더욱 확산할 수 있다는 점이다. 계파 간 세대결, 정면 충돌을 부추길 수 있는 휘발성 강한 이슈들이 줄줄이 기다리고 있다.'

어느 신문 정치 기산데, 여기에 나온 '휘발성 강한 이슈'가 꼭 나쁜 것만은 아니다. 〈표준국어대사전〉을 보자.

> **휘발성(揮發性)** 보통 온도에서 액체가 기체로 되어 날아 흩어지는 성질.

그러니, 밀폐 공간에서는 휘발성이 강하면 폭발 위험도 높겠지만, 열린 공간에서야 모두 날아가 버리기 때문이다. 이슈가 휘발해 버리면, 모든 갈등이 사라질 터.

〈제주폭설에 부산관광 설특수… 호텔방 품귀〉

이 제목에서도 깔끔하지 않은 게 하나 있다. 바로 '품귀'라는 말. 표준사전을 보자.

> **품귀(品貴)** 물건을 구하기 어려움. (더위가 심해서 선풍기가 품
> 귀 현상을 빚고 있다./피난지에서의 생활이란 모든 물자의 품귀 상
> 태 속에서 이루어졌는데 책 또한 그러하였다.〈박태순, 어느 사학도
> 의 젊은 시절〉)

해서, 호텔방 모자라는 데는 품귀라는 말이 적절하지 않았
다. '부족'이나 '모자라' 정도면 됐을 터.

'11일 충북 충주기업도시 내 현대모비스 공장에서 열린 수소차 연
료전지 공장 증축 기공식에 참석한 내·외빈들이 공장 증축을 축하
하는 시삽을 하고 있다.'

이 기사에선 '내·외빈'이 독자들을 허방으로 꾄다. 하지만,
저런 우리말은 없다. 표준사전을 보자.

> **내빈(來賓)** 모임에 공식적으로 초대를 받고 온 사람. '손님',
> '초대 손님'으로 순화.
> **외빈(外賓)** 외부나 외국에서 온 귀한 손님.

이러니, 내빈이 외빈인 셈이다. '내빈(內賓)'도 있지 않느냐

좋은 문장을 쓰고 싶다면

고? 다시 표준사전을 보자.

> **내빈(內賓)** =안손님.
> **안손님** 여자 손님을 이르는 말.

그러니, '내빈'이나 '외빈' 가운데 하나만 쓸 일이다. 이처럼, 한자말에는 묘한 함정이 들어 있는 경우가 많다. 실수를 줄이려면 쉬운 말을 쓰는 수밖에 없다.

¶
말 하듯 글을 써라

　엄연히 입말체(구어체)와 글말체(문어체)가 나뉘긴 하지만, 그래도 글쓰기 고수들은 "말 하듯이 글을 써라" 한다. 글을 쓴 뒤에는 소리 내어 읽어 보라고도 한다. 과연, 강약-장단-고저가 어우러져 리듬감이 있는 글은 이해하기도 쉽다. 입말체로 쓰려면, 가장 먼저, 글말체에서만 쓰이는 말을 없애야 할 터.

　'관객의 영화 선택을 돕기 위해 영화 줄거리 및 평론을 쓰며, 언론 매체에 기고도 합니다.'

　이 문장이 껄끄러운 이유가 뭘까. 표현을 바꿔 보자.

　'관객의 영화 선택을 돕기 위해 영화 줄거리와 평론을 쓰며, 언론 매체에 기고도 합니다.'

　두 문장에서 다른 것은 단 하나, '및'이 '와'로 바뀐 것뿐이다. 그럼에도 둘째 문장은 훨씬 리듬감이 생겼다. '및'이 바로 걸림돌이었던 것. 사실, 말할 때 '및'을 쓰는 사람은 '거의' 없다. 누구라도 "쟁반에 사과와 배, 밤이 있다"고 하지, 대체 누가 "쟁반에 사과와 배 및 밤이 있다"고 하겠는가. 대체 어느 학생이 "선생님, 이번 시험 과목은 영어, 수학 및 국어인가요"라고 묻겠는가.

우리 말글살이에서 '및'이 가장 많이 쓰이는 곳은, '장애인 고용촉진 및 직업재활법/정신건강증진 및 정신질환자 복지서비스 지원에 관한 법률/집합건물의 소유 및 관리에 관한 법률' 따위 법률 이름이다. 그 다음은 행정관청인데, 부산시청 어느 부서 담당업무 소개는 이렇다.

'차량 운행 및 관리/시청각기록물 등 시정활동 자료 보존 및 관리/기자회견장 운영 및 기자재 관리/시의회 및 감사관련업무(국정감사 포함).'

가운뎃점이나 토씨 '와/과'를 써야 할 자리에 빠짐없이 '및'이 들어가 있다. 그러니 검경과 행정기관을 주요 취재원으로 삼는 언론 또한 '및투성이' 보도를 쏟아낸다. 대통령 직속 기구 중에는 '3·1운동 및 임시정부수립 100주년 기념사업추진위원회'라는 것도 있다. 그러고 보면 '및'은 행정용어·관청용어라 할 만하다. 언론에서 걸러주면 좋으련만, 그것도 시원찮으니 '및 빼기 운동'이라도 크게 벌여야 할 판이다.

다만, 입말처럼 글을 쓸 때 조심해야 할 게 있다.

'대행업체들은 식당이나 카페 등과 계약을 맺고 찾은 고객의 차를 대신 주차해주고 삼, 사만 원의 요금을 받는다.'

여기서, 말로 할 땐 '삼, 사만 원'이라도 되지만 글로 쓸 땐 반드시 '삼만~사만 원'이라야 한다. 그러지 않으면 '삼 원에서 사만 원'으로 읽히기 때문이다. "이번 임금 인상으로 직원들은 40~50만 원 정도 월급이 올랐다"에서도 '40만~50만 원'이라야 월급 인상이 겨우 40원에 그치는 희극을 막을 수 있을 터.

좋은 문장을 쓰고 싶다면

했던 말 자꾸 하면 좀…
중복 없이 깔끔한 문장

국산 생마 약 15g에 해당하는 마를 통째로 갈아 넣었습니다.

어느 음료 병에 붙어 있는 선전 문구인데, 깔끔하지 않은 이런 광고를 보면 마실 마음이 싹 사라진다. 물론, 직업병인 줄 안다. 하지만, '국산 생마 15g을 통째로 갈아 넣었습니다'면 '생마'와 '마'가 중복되는 걸 피할 수 있었는데, 싶어서 많이 아쉽다. 했던 말을 자꾸만 반복하면, 좀 없어 보인다.

'교도소는 죄수를 감옥에서 사회로 내놓기 전에 죄수를 교화시키는 곳이다.'

〈표준국어대사전〉에 실렸던 '내놓다'의 보기글이다. 한데, '죄수를'을 두 번이나 써서 깔끔하잖다. 둘 가운데 어느 것이든 지워도 아무런 문제가 없다. 사실 이런 정도라면 '국립' 하고도 '표준' 하고도 '사전'에 실리기엔 별로 마뜩잖은 문장이었던 것. 국립국어원은 뒤늦게 이 보기글을 지웠다.

야단치다 소리를 높여 호되게 꾸짖다.(애가 모르고 그랬으니 애에게 너무 야단치지 마라./아무리 조용히 하라고 학생들을 야단 쳐도 소용이 없었다.)

역시 표준사전 뜻풀이인데, 보기글 '애가 모르고 그랬으니 애에게 너무 야단치지 마라'가 어색한 이유 역시 중복 때문이 다. '애가 모르고 그랬으니 너무 야단치지 마라'나 '모르고 그 랬으니 애에게 너무 야단치지 마라'쯤이면 좋았을 터.

어느 신문 칼럼 제목 〈단 한 사람이라도 내게 '잘했다'는 사 람이 있기를〉도, 〈단 하나라도 내게 '잘했다'는 사람이 있기 를〉이나 〈단 한 사람이라도 내게 '잘했다'는 이가 있기를〉쯤이 라야 '사람 중복'을 피한다.

'삼성화재배 월드마스터스가 3일부터 개막한다.'

이 문장에선 '3일부터 개막'이 어색하다. 표준사전을 보자.

부터 (체언이나 부사어 또는 일부 어미 뒤에 붙어)어떤 일이나 상태 따위에 관련된 범위의 시작임을 나타내는 보조사. 흔 히 뒤에는 끝을 나타내는 '까지'가 와서 짝을 이룬다.(1시 부터 5시까지./그는 처음부터 끝까지 말썽이다./너부터 먼저 먹어 라….)

'부터'를 쓰려면 '범위'가 있어야 한다는 얘기다. 한데, '개막'
은 어떤 범위나 기간이 아니라 단 한 번으로 끝나는 일이다.
그러니 '3일(에) 개막'이라야 했다.

'콜롬비아 작가 안드레스 솔라노…한국어 강사로 일하던 아내를
만나 2013년부터 서울 이태원에 정착했다.'

어느 신문에서 본 문장이다. 정착을 범위로 본다면 '부터'를
못 쓸 것도 없다. 하지만, '2013년 서울 이태원에 정착했다'처
럼, 빼더라도 별로 어색하지 않은 걸 보면, 역시 '부터'가 쓸데
없다는 걸 알 수 있다.

¶

모자는 쓰고 옷은 입고
모호한 문장을 고쳐라

'독일은 전체 거래에서 현금이 79%의 비중을 차지하는 유럽에서 매우 독특한 나라다.'

이러면, 현금 거래 비중 79%인 것은 독일일까, 유럽일까. 독일이라면 이래야 했다.

'독일은 전체 거래에서 현금이 79%의 비중을 차지하는, 유럽에서 매우 독특한 나라다.'

쉼표 하나만 찍어도 혼란을 막을 수 있었던 것. 혹시 유럽이라면 이래야 했다.

'현금 거래 비중이 79%를 차지하는 유럽에서 독일은 매우 독특한 나라다.'

글머리처럼 모호한 문장이 생기는 건, 두말할 것 없이 '퇴고 부족' 때문이다. 글은, 절대로, 썼다고 다 쓴 게 아니다. 마지막 순간까지 다듬고 살펴보고 고쳐야 한다. 그러면 그럴수록, 당연히 빛나게 돼 있다. 퇴고는 글 쓰는 이라면 당연히 해야 할 의무인 것.

'초보자가 많은 아시아 관광객을 잡기 위해 일본 동북스키장들은 스키장 일부를 쇼핑 구역으로 개조해 가전이나 미용, 시계 등을 파는 공간으로 바꾸고 있다.'

이 문장도 그 당연한 걸 하지 않아서 어색하다. '가전이나 미용, 시계 등을 파는'에 잘못이 있는 것. 즉, 가전이나 시계는 서술어 '파는'과 위화감 없이 결합하지만, '미용'과 '파는'은 덜 컥거린다. '미용용품'을 잘못 쓴 걸까.

'온열 질환을 예방하기 위해 더위에 취약한 노인과 영유아는 낮 12시부터 오후 5시까지 야외 활동을 자제해야 하며, 외출 시 모자와 헐렁한 옷을 입고 주기적으로 그늘에서 쉬어야 한다.'

이 문장에서도 서술어가 문제. '모자와 헐렁한 옷을 입고'에서 '옷-입고'는 상관없지만 '모자-입고'에서 그만 엇박자가 난다. 모자와 옷을 함께 품으려면 이 말을 써야 했다.

착용하다 의복, 모자, 신발, 액세서리 따위를 입거나, 쓰거나, 신거나 차거나 하다.

아래는 시내버스 뒷문에 붙어 있는 글인데, 뭔가 어색하다.

'출발하는 버스는 세우지 않으며, 정류소가 아닌 곳에서 승·하차 요구하지 말아주세요.'

승객에게 당부하는 문장이니 '출발하는 버스는 세우지 말고'라야 뒤에 나오는 '말아주세요'와 적절히 호응할 터.

좋은 문장을 쓰고 싶다면

토씨 하나가 무섭다

〈韓 남녀 배구 20년 만 올림픽 동반진출 노린다〉

이 어느 신문 제목, 어떠신가. 과연 '20년 만에' 한국 남녀 배구가 올림픽 동반 진출을 노리는 것으로 읽히시는가. 혹시라도 그렇다면, 그건 오독이다. 글자 그대로 해석하자면 이 제목은 한국 남녀 배구가 딱 '20년 동안만' 올림픽 동반 진출을 노린다는 것. 기한부라는 얘기다. 그러니 의도를 제대로 전달하려면 저 제목은 이래야 했다.

〈韓 남녀 배구 20년 만에 올림픽 동반진출 노린다〉

이처럼, 토씨(조사) 하나 잘못 써서 엉뚱하거나 어색한 문장이 되는 일은 드물지 않다.

'대소변이 잘 안 나오고 시원하지 않아 노폐물이 쌓이는 사람의 경우는 대소변을 시원하게 하는 약을, 스트레스가 과도해 그로 인해 과잉식욕이 생긴 비만 환자에겐 마음을 안정시켜주고 포만감을 주는 한약이 훨씬 효과적이다.'

이 문장을 간단히 줄이면 '…약을, …한약이 효과적이다'가 된다. '약을'이 서술어 '효과적이다'와 어울리지 않는다는 걸 한눈에 알 수 있다. 여기선 '약이'가 올바른 토씨 사용법이겠지만, 아예 토씨 없이 '약'만으로도 충분했다. 말실수를 줄이려면 말수를 줄여야 하듯이, 비문을 줄이려면 어떻게든 글자 수를 줄이는 게 요령.

'2010년 매월 80만5천340원의 노령연금을 받았던 A씨는 2019년 12월 현재 다달이 95만760원을 수령하고 있다. 10년 정도 흐르는 사이에 연금액이 1.2배가량 늘어났다.'

이 기사에서 '1.2배가량'은, 과장해서 말하자면, 거의 사기 수준이다. 80만 5천340원이 95만 760원이 됐다면 18% 정도 늘어난 셈. '1.2배가량으로' 늘어난 것이다. 한데, 1.2배가량(이) 늘어났다고 했으니, 늘어난 액수가 1.2배라는 얘기가 된다. 즉, 지금 받는 노령연금에서 '1.2배가량으로' 늘면 95만 760원이지만, '1.2배가량이' 늘면 175만 5000여 원이 되는 것. 토씨 하나 잘못 쓴 것치고는 너무 큰 차이가 아닌가.

'그는 인사동 선천에서 정기적인 식사모임을 열어 노변정담을 즐겼다. …물론 계산은 언제고 이대원이 맡았다.'

어느 신문 칼럼 구절인데, 이대원 화백이 밥을 잘 샀다는 내용. 한데, '언제고'라는 말 한 마디 때문에, 더 정확하게는 '언제' 뒤에 붙은 접속 조사 '고' 때문에 이 화백이 밥을 잘 사지 않았다는 뜻이 돼 버렸다. '언제고 그럴 줄 알았다'에서 보듯이 '언제고'에는 '항상, 늘'이란 뜻이 없기 때문이다. '언제고 밥 한번 먹자'라면 '언제나 밥 한번 먹자'가 아니라 '언젠가 밥 한번 먹자'가 되는 것에서도 알 수 있다.

글자 한 자, 토씨 하나가 이렇게나 무섭다.

¶
급하면 문장이 어색해진다

비문은 '문법에 맞지 않는 문장'이므로 문장이 아니라는 말과도 통한다. 문장이라고 하기 어려운 이런 글은 문법을 잘 몰랐거나, 마음이 급했거나, 퇴고를 제대로 하지 않은 탓에 생긴다. 교열도 미흡했을 것이다. 해결책은 원인에서 찾을 수 있다. 문법을 공부하고, 느긋하게 글을 쓰며, 퇴고와 교열을 잘하면 되는 것. 이 모든 걸 하는 게 어렵다면, 퇴고라도 열심히 할 일이다. 아래는 퇴고에 실패한 문장들.

'민어 부레는 회로도 먹는데 쫀득쫀득하게 씹히는 맛이 별미이다. 씹히는 맛뿐 아니라 부레에 포함된 콘드로이틴은 노화 방지와 피부에 탄력을 주는 기능성 성분으로 알려졌다.'

둘째 문장의 '씹히는 맛'이 서술어 없이 붕 떠 있다. '기능성 성분으로 알려졌다'가 서술어는 아닐 터. 억지로 매만진다면 '씹히는 맛이 좋을 뿐 아니라'가 되겠지만, 그보다 더 나은 방법은 '씹히는 맛뿐 아니라'를 통째로 없애는 것이다. 이미 앞 문장에서 씹히는 맛이 별미라 했으니, 굳이 다시 언급할 필요도 없다. '노화 방지와'도 '노화를 방지하고'가 적당.

'조소앙이 쓴 〈여협 남자현전〉은 "1925년 남자현 선생이 단원 4명을 이끌고 사이토 마코토(齋藤實) 총독의 암살미수사건을 주도했다가 실패한 뒤 가까스로 탈출했다"고 소개했다.'

어느 신문에 실린 칼럼인데, 이대로라면 조소앙 선생이 착각을 했다. 실패한 것은 '총독 암살 미수'가 아니라 '총독 암살'이기 때문이다. 미수사건에 실패했다면, 결과적으로는 성공한 게 되는 셈. 혹시 인용하면서 실수를 했다면 칼럼 필자의 잘못이겠다.

'휴대폰 보급율이 인구수보다 많다는 요즘, 시골 할아버지는 스마트폰으로 서울에 있는 아들, 손주와 소통한다. 카톡도 한다.'

여기선 '휴대폰 보급율'과 '인구수'를 비교한 것이 잘못. 비율은 비율끼리, 수는 수끼리 비교를 해야 실상이 정확하게 드러난다. '보급율'도 '보급률'로 써야 옳다.

'현미밥채식을 하고 처음 며칠 동안에는 체중의 변화가 없었으나 15일이 지나면서 그토록 원했던 체중이 2kg이나 빠졌다.'

이 문장도 마음이 급해 어색해지고 말았다. 그토록 원했던 건 '체중'이 아니라 '체중 감량'이니 이렇게 손보는 게 가장 간단하겠다.

'…15일이 지나면서 그토록 원했던 대로 체중이 2kg이나 빠졌다.'

급할수록 돌아가라는 옛말, 옛말이라고 무시할 게 아니다.

좋은 문장을 쓰고 싶다면

우리 사이 어색해요

동사와 형용사를 구별하라

⟨미네소타 단장 "박병호, 지명타자가 가장 알맞는 자리다"⟩

이 기사 제목엔 틀린 말이 하나 박혀 있다. '알맞는'이다. 틀린 이유는 국립국어원이 펴낸 ⟨표준국어대사전⟩을 보면 알 수 있다.

> **알맞다** 「형용사」일정한 기준, 조건, 정도 따위에 넘치거나 모자라지 아니한 데가 있다.

이렇게 보다시피, '알맞다'는 형용사다. 형용사는 활용할 때 어미 '-는'과 결합하지 않는다. 다시 사전을 보자.

> **-는** 「어미」('있다', '없다', '계시다'의 어간, 동사 어간 또는 어미 '-으시-', '-겠-' 뒤에 붙어)앞말이 관형어 구실을 하게 하고 이야기하는 시점에서 볼 때 사건이나 행위가 현재 일어남을 나타내는 어미.

뭔가 복잡해 보이지만, 하여튼 관형사형 어미 '-는'이 붙을 수 있는 환경이 저러하므로, 형용사에는 붙을 수 없다는 얘기다. 실제로 '예쁘는, 아름답는'처럼, 형용사에 '-는'을 붙여 보면 어색하다는 걸 한눈에 알 수 있다.

형용사 어간 뒤에는 어미 '-은'이나 '-ㄴ'이 온다. '-은'은 '붉은 입술/좁은 길'처럼 'ㄹ'을 제외한 받침 있는 형용사 어간 뒤에 붙는다. '-ㄴ'은 받침 없는 형용사 어간(예쁜 옷, 짠 음식)이나 'ㄹ' 받침인 형용사 어간(긴 한숨, 먼 친척)에 붙는다.

한편, 동사는 활용할 때 으뜸꼴(기본형)을 쓰지 않는다. '그는 조건을 아주 잘 활용하다/나는 우리 동네에서 제일 잘 달리다'처럼 쓰면 안 되는 것(활용하다→활용한다, 달리다→달린다)이야 누구나 다 알 터.

이런 특징을 참고해 동사/형용사를 잘 구별하면 아래 글에서도 잘못을 쉽게 찾아낼 수 있다.

'한반도 긴장을 고조시키는 행위를 당장 중단해야 한다. 그렇지 않는다면 한반도를 냉전과 군사적 대결 시대로 회귀하게 만든 역사적 책임을 면하지 못할 것이다.'

여기에서 어색한 부분은 '그렇지 않는다면'이다. 중단하는 건 행위이므로 동사 '그러다'를 써야 하는데 형용사 '그렇다'를 잘못 쓴 것. 반면 '않는다'는 '않다'에서 활용을 했으므로 보조동사다.(보조용언은 앞말(본용언) 품사를 따라가는데, '그렇지 않는다'는 '형용사+보조동사' 꼴이어서 잘못.)

좋은 문장을 쓰고 싶다면

해서, '동사+보조동사' 꼴로 바로잡자면 '그러지 않는다면'이 된다. 아예 '그러지 않는다/그렇지 않다'로 외우는 것도 헷갈리지 않는 한 가지 방법이겠다.

¶
글은 독백이 아니라 대화다

　귀에 못이 박히도록 하는 이야기지만, 혼란스러운 문장이 생기는 가장 큰 이유는 퇴고와 교열을 제대로 하지 않았기 때문이다. 글자 한 자에도 잘못이 있을 수 있다며 들여다보는 것이 퇴고와 교열의 기본자세. 둘째 이유는, 자기 생각만 하기 때문이다. 남들은 어떻게 받아들일까, 어떻게 해석될까, 하는 생각이야말로 명료한 글을 쓰는 바탕이 된다. 일기가 아닌 다음에야, 글은 독백이 아니라 대화인 것.

　〈"컨트롤타워 상시화로 골든타임 놓쳐선 안돼"〉

　안전 전문가들의 토론회를 다룬 어느 신문 기사 제목인데, '컨트롤타워 상시화 때문'에 골든타임을 놓칠 수 있다는 오해를 받을 수도 있다. 거꾸로 읽히지 않으려면 〈"컨트롤타워 부재로 골든타임 놓쳐선 안 돼"〉 정도가 대안. 〈"컨트롤타워 상시화해 골든타임 챙겨야"〉도 가능하겠다.

　'회의장 안에 큼지막하게 걸린 '메르스, 우리는 극복합니다'라는 글을 '메르스도 우리는 못 이깁니다'로 바꾸라고 권하고 싶은 심

정이다.'

어느 신문 칼럼인데, 바꾸라고 권한 글 역시 '(우리는 다른 것도 못 이기고)메르스도 못 이깁니다'로 해석될 수도 있다.

'영국 노동당은 여성 후보를 50% 공천한 1997년 당시 여당인 보수당을 누르고 압승을 거두었다.'

이 문장도 보기에 따라 해석이 달라진다. 여성 후보를 50% 공천한 게 노동당일까, 보수당일까. 만약 노동당이라면 이렇게 손을 봐야 한다.

① 영국 노동당은 여성 후보를 50% 공천한 1997년, 당시 여당인 보수당을 누르고 압승을 거두었다.
② 영국 노동당은 1997년 여성 후보를 50% 공천해 당시 여당인 보수당을 누르고 압승을 거두었다.

아래는 〈표준국어대사전〉에서 '전율하다'를 찾으면 나오는 보기글이었다.

'우리는 이불을 뒤집어쓰고 다가오는 발자국 소리에 전율했다.'

한데, 그러면 이불을 뒤집어쓴 건 '우리'인가, 아니면 발소리의 주인공인가. 국립국어원은 이렇게 고쳤다.

'우리는 다가오는 발자국 소리에 이불을 뒤집어쓰고 전율했다.'

하지만 '발로 밟은 자국'에서는 소리가 날 수 없으므로 '발자국 소리'도 '발소리'라야 한다.
나라에서 만든 사전조차 이렇다는 건, 결국 그만큼 꼼꼼히 퇴고하고 교열해야 한다는 뜻이 아닐까.

좋은 문장을 쓰고 싶다면

주어와 서술어 챙기기

'면역 관련 지표를 높이는 방법은 음식이 아니라 적당한 운동, 휴식, 수면과 스트레스를 받지 않는 것이다.'

서술어가 적절하지 않아 어색한 문장이다. '음식'을 어떻게 한다는 서술어는 아예 없고, '운동, 휴식, 수면'은 '받지 않는다'가 꾸미고 있다. 어색하지 않게 손을 보자면 이쯤 될 터.

'면역 관련 지표를 높이는 방법은 어떤 음식을 먹는 게 아니라 적당한 운동, 휴식, 수면을 하고 스트레스를 받지 않는 것이다.'

문장을 잘라 주면 더 좋다. 자고로, 실수는 대개 문장이 길어지면서 생긴다.

'어떤 음식을 먹는다고 면역 관련 지표가 높아지는 게 아니다. 운동, 휴식, 수면을 적당히 하고 스트레스를 받지 않아야 한다.'

'구구절절이 말을 하지 않아도 내 맘을 잘 알겠지' 하는 생각이 인간관계를 종종 어려움에 빠뜨린다. 글 역시 마찬가지.

비문은, 내 생각을 정확하게 표현하지 못할 때 나온다. 급할수록 돌아가라는 조언이 그래서 더욱 빛난다.

> '민어를 맛본 그날은 해제면 지도까지 가서 공수해온 귀한 민어였다.'
> → 그날 맛본 민어는 해제면 지도까지 가서 공수해 온 귀한 것이었다.

어느 책에 나온 이런 실수를 하지 않는 단 하나의 비결은, '퇴고'다. 주어와 술어만 잘 챙겨도 비문을 절반 이상 줄일 수 있다. 솜씨 좋게 문장을 교열해 줄 사람이 있다면 모르겠지만, 설사 그렇더라도 자기 글에 대한 책임은 결국 자기가 져야 하는 법.

〈"청와대, 변하지도 변할 수도 없어… 독자적으로 하라"〉

새누리당 상임고문단 오찬을 다룬 어느 신문기사 제목이다. 여기서 '변하지도'를 꾸미는 말은 '없어'이므로 '청와대는 변하지도 없고 변할 수도 없으니 새누리당이 독자적으로 하라'는 뜻이 된다. 이게 무슨 말일까. 본문을 봐도 제목과 똑같이 돼 있어 혼란스럽다. 다른 매체를 찾아보니 이렇게 나온다.

> '김중위 고문은 "(박근혜 대통령이)변화도 안 할 것이고, 변화시킬 수도 없을 텐데, 거기만 매달리지 말고 당이 독자적으로 국민의 마

음을 읽고 혁신해야 한다"며 "청와대 눈치 보지 말고 소신껏 하라"
고 강조했다고 밝혔다.'

결국 〈"청와대, 변화 않고 (변화)시킬 수도 없어… 독자적으
로 하라"〉로 써야 할 제목을 저렇게 뽑았던 것.
다시, 되새긴다. 급할수록 돌아가자.

¶
가장 좋은 글, 남이 쉽게 알아보는 글

'앉아서 서다'나 '가늘지만 굵다'가 무슨 말일까. '작은 거인, 찬란한 슬픔의 봄, 소리 없는 아우성' 따위를 가리켜 모순어법이라고 하지만, 이런 수사법이 아니라면 저런 말이 성립할 수는 없다. 뜻이 서로 충돌하기 때문이다. 하지만 일상에서 저런 표현은 드물지 않다.

'…주말농장의 입주자는 별장형 숙소와 텃밭을 임대받아 1년간 농촌과 도시를 오가며 전원생활을 체험해 볼 수 있으며….'

임대는 돈을 받고 자기 물건을 남에게 빌려준다는 말이니 '임대+받다'라는 말 자체가 성립하지 않는다. 이때는 돈을 내고 남의 물건을 빌려 쓴다는 뜻의 '임차'를 써야 한다. 즉, '임대받아'가 아니라 '임차해'라야 제대로인 것. 하지만 그것보다는 '빌려'가 더 쉽겠다. 또 '임대하다'보다는 '빌려주다'로 쓰는 게 덜 헷갈릴 터. 이처럼 말에는 '방향성'이 있는데, 이걸 무시하면 내가 하는 말은 산으로 올라가고 만다.

'입대를 고심하던 그는 결국 해병대에 지원서를 접수했다'라는 문장이 말이 안 되는 건, '접수하다'의 방향을 무시했기 때문이다. 〈표준국어대사전〉을 보자.

> **접수(接受)하다** 신청이나 신고 따위를 구두(口頭)나 문서로 받다.(면회를 접수하는 간수./전임 명령서를 접수하고 난 뒤로도 윗동네 관계관들로부터는 도대체 확인 전화 한 통이 없었다.)

보다시피, 접수는 '받는 일'이다. 지원서 접수는 '그'가 아니라 '해병대'가 하는 일이었던 것. 그러니 '지원서를 냈다'면 된다.

'이 기업은 2016년에 중소기업청으로부터 경영혁신 중소기업 인증서를 수여받았다'

여기에 나온 '수여받다'도 어색하다. '수여하다'가 증서, 상장, 훈장 따위를 '준다'는 말이기 때문. 그러니, '수여받다'는 '주다+받다'라는 뜻이 되고 만다. '주고받다'도 아니고 '주다받다'라니. '-받다'를 피동의 뜻을 더하는 접미사로 보더라도 어색하기는 마찬가지.

저 기사는 '…중소기업청에서 경영혁신 중소기업 인증서를 받았다'로 바꾸면 아무 탈이 없다. '수여받았다'가 아니라 '받았다'로, 그냥 쉽게 쓰면 된다. 가장 좋은 글은, 남이 쉽게 알아보는 글이다.

¶

달리 해석될 여지를 줄이는 분명한 글

〈무서운 박정환의 페이스〉

바둑 칼럼 원고에 붙어 온 제목인데, 좀 헷갈린다. 무서운 게 박정환인가, 아니면 페이스인가. 상식적으로 생각하면 무서운 건 박정환이라기보다는 페이스일 터. 해서, 신문에는 〈박정환의 무서운 페이스〉로 나갔다.

〈케냐만도 못한 한국경찰?〉

얼마 전 서점에서 본 책 제목인데, 생각해 볼 대목이 두 가지 있다.

첫째는 '케냐'와 '한국경찰'을 비교한 것. 비교는 같거나 비슷한 것끼리 해야 한다. '철수-영희'를 비교해야지 '철수-영희 옷'을 비교하는 게 말이 안 되는 것처럼…. 그러니 '케냐-한국'을 비교하거나 '케냐경찰-한국경찰'을 비교해야 했던 것. 추측건대 〈케냐경찰만도 못한 한국경찰?〉이라야 하지 싶다.

둘째는 왜 비교 대상으로 '케냐(경찰)'를 내세웠느냐는 점. 저 책을 본 케냐 사람들은 어떤 생각이 들까. 일본에서 〈한국

경찰만도 못한 일본 경찰〉이라는 책을 낸다면 우리는 어떤 생각이 들까. 자기중심적인 사고는 균형 잡힌 생각을 하는 데 방해가 된다. 배려가 바로 균형 잡힌 생각이기도 한 것이다.

'박지은은 최정에 비해 위즈잉과는 그리 많이 만나지 않았다.'

이 문장 역시 두 가지로 해석될 수 있는 중의문이다. 정리되지 않은 생각과 제대로 되지 않은 퇴고가 빚은 문장인 것.
① 박지은은 최정을 만난 것보다 위즈잉을 덜 만났다.
② 박지은이 위즈잉을 만난 횟수가 최정이 위즈잉과 만난 것보다 적다.
저 문장은 이렇게 두 가지로 해석된다. 만난 것을 같음표(=)라 한다면 ①은 '박지은=최정' > '박지은=위즈잉'이고, ②는 '최정=위즈잉' > '박지은=위즈잉'인 셈이다. ① ② 가운데 상황에 맞춰 문장을 다듬어야 글쓴이의 뜻이 정확하게 전달될 수 있을 것이다.

"대체 언제까지 불편함도 모른 채 살아갈 것인가."

어느 간편 결제 서비스의 광고 문구인데, 역시 의도와 달리 해석될 수 있는 글이다. 불편함을 없애려면 자기네 서비스를 이용하라는 뜻이겠지만, 글쎄, 아마도 '아무런 불편함을 모르고 살아가는 삶'이 그리 나쁠 것 같지는 않아서 문제랄까.
말은 거꾸로, 혹은 다르게 해석될 수도 있다. 생각이 다 같을 수는 없기 때문이다. 그러니 달리 해석될 여지를 줄이는 게 바로 분명한 글, 좋은 글을 쓰는 지름길이다. 상대를 배려하고 생각을 잘 정리하는 게 글을 잘 쓰는 첫째 조건인 셈이다.

좋은 문장을 쓰고 싶다면

문장, 어디까지 줄여 봤니?

'어느 날 새로운 건물을 짓고 싶어 하는 건축주가 사무실로 찾아왔다. 그의 손에는 **그가** 희망하는 스타일의 건축 사진 몇 장이 들려**져** 있었다.'

어느 원고에 이런 구절이 있었는데, 신문에는 강조 부분이 삭제된 채 나갔다. 꼭 이런 사례가 아니더라도, 원고를 받아 보면 군더더기 말이 꽤 많다. 퇴고가 제대로 되지 않았거나, 군더더기라는 인식이 옅었기 때문일 것이다. 단순히 지면을 아끼기 위해서이기도 하지만, 문장이 짧고 깔끔해지면 의미 전달도 더 잘되기 때문에, 퇴고할 때는 마른 수건을 쥐어짜듯이 하는 게 좋다.

'비싼 집세 때문에 베이징 거주 일부 외국인들 가운데는 옌자오, 통저우, 창핑, 순의 등 도심 외곽 지역으로 거주 지역을 옮기는 이들의 수가 증가하고 있다.'

이런 문장을 보자. 우선 '일부 외국인들'은, 서술어가 '증가하다'이기 때문에 '외국인'으로 줄일 수 있다. '외곽 지역으로 거주 지역을'은 '외곽으로 거주 지역을', '옮기는 이들의 수가' 는 '옮기는 이가'면 충분하다. '증가하고 있다'를 '늘고 있다'로 바꾸는 것도 자수를 줄이는 방법. 거기에다 다른 중복 요소를 모두 없애고 다듬으면 이렇게 된다.

'베이징의 비싼 집세 때문에 옌자오, 퉁저우, 창핑, 순의 등 외곽으로 거주 지역을 옮기는 외국인이 늘고 있다.'

60자에 달하던 문장이 42자로 줄어든 것이다. 꼼꼼히 살펴보고 곰곰이 생각하면 빼도 되는, 빼야 하는 군더더기 말은 널렸다.

'만드는 데 드는 비용/모자를 쓰고 있는 모습/페널티지역 안으로 침투'를 대체 어떻게 더 줄이느냐고? '만드는 비용/모자를 쓴 모습/페널티지역으로 침투'로 손보면 된다. 또 '한복 두루마기'는 '두루마기'로, '해외 망명'은 '망명'으로 줄이면 된다. 어느 신문을 읽다 보니 〈손아섭-이대호-최준석 타선라인 기대 못 미쳐〉라는 제목이 눈에 띄었는데, 역시 '타선'과 '라인' 가운데 하나는 줄일 수 있었겠다.

이렇게 글자 수를 줄이고 다듬다 보면 단순히 글이 짧아지기만 하는 게 아니라 더 부드러워지기도 한다. 부드러워진다는 건 더욱 우리말다워진다는 뜻이기도 하다.

① 계약에 성공할 경우 10%의 수수료를 받는다.
② 계약에 성공할 경우 수수료 10%를 받는다.

좋은 문장을 쓰고 싶다면

③ 계약에 성공하면 수수료 10%를 받는다.

소리 내어 읽어 보면 효과를 더욱 확실하게 느낄 수 있다.
이때 느끼는 짜릿함이 교열하는 보람이랄까.

¶
한 번이면 충분하다

'미운 대통령이 추진하는 정책은 정책도 밉다.'

어느 신문 칼럼 구절인데, 다르게 표현할 수는 없었을까, 궁리해 본다.

① 미운 대통령이 추진하면 그 정책도 밉다.
② 대통령이 미우면 추진하는 정책도 밉다.

정답은 없지만, 어느 쪽이든 원문보다는 부드러워 보인다. 나란히 붙은 '정책은 정책도'를 해소했기 때문이다.

'서구 문명이 보기에 미개해 보일지 몰라도, 어떤 부족함 없이 행복한 삶을 이어오던 마을 사람들은 스스로를 부끄럽게 여기고 가난하다는 절망에 빠지게 된다.'

이 칼럼 문장 역시 '보기에… 보일지 몰라도' 꼴이라 어색한데, '보기에는 미개할지 몰라도'로 손보면 어느 정도는 해결된

좋은 문장을 쓰고 싶다면

다. 이렇게, 중언부언하는 부분만 정리해도 어떤 글이든 꽤 그럴싸해진다.

'민물장어추어탕.'

어느 음식점 메뉴인데, 장어와 추어(鰍魚·미꾸라지)를 같이 넣어 끓인 탕인 줄 알았다. 한데, 알고 보니 미꾸라지 대신 장어를 써서 끓인 탕이었다. 그렇다면, 장어탕이면 그만인데 왜 '추어'를 덧붙였을까.(민물고기인 '장어' 앞에는 굳이 '민물'을 붙이지 않아도 된다.) 부산의 어느 식당에서 파는 '고등어추어탕' 역시 미꾸라지 대신 고등어를 썼으니 '고등어탕, 고등엇국'이면 충분할 터. 이런 중언부언은 일상에 꽤 널리 퍼져 있다.

'노란 은행나뭇잎이 쌓인 서울 종로구 삼청로에서 30일 오후 시민들이 가을 정취를 만끽하고 있다.'

여기에 나온 '은행나뭇잎'도 중복이다. 은행나무에 달린 잎은 '은행나뭇잎'이 아니라 은행잎인 것. '나뭇'은 전혀 쓸데없다는 얘기다.

'오르면서 그냥 지나쳐 버렸던 함박꽃나무 꽃이 이제야 보았냐는 듯 함박웃음을 활짝 머금은 채 내려다보고 있는 것이었습니다.'

이 칼럼에 나온 '함박꽃나무 꽃'도 비슷한 항렬인데, 이런 꽃을 우리는 공식적으로 '함박꽃'이라 부르게 돼 있다. 물론, 가끔 보이는 '벚꽃나무꽃'도 '벚꽃'이라 부르면 되고….

'활짝 핀 벚꽃나무 아래로
수상한 사람이
지나갔다

어깨에 닿을 듯 늘어진
벚꽃나무 가지와
어떠한
접선도 없이!

아무것도 의심할 것 없는
화창한 사월의
어느 날 오후'

이 시 2연에 나온 '벚꽃나무'도 그냥 '벚나무'면 충분하다. 첫 행에 나온 '벚꽃나무'는, '벚꽃'이 더 어울릴 듯하고….

좋은 문장을 쓰고 싶다면

¶
알고 보면 딱 한 뼘 차이

'국정원 개혁발전위원회는 23일 '채동욱 전 검찰총장 혼외자 사건'을 검찰에 수사 의뢰를 권고했다고 밝혔다.'

어느 신문에서 본 문장인데 '…사건을 검찰에 수사 의뢰를…' 부분이 껄끄럽다. 목적어 둘이 연달아 나오기 때문이다. 이럴 땐 어순을 살짝 바꾸기만 해도 부드러워진다.

'국정원 개혁발전위원회는 23일 검찰에 '채동욱 전 검찰총장 혼외자 사건' 수사 의뢰를 권고했다고 밝혔다.'

'어제 나는 영화를 두 편을 봤다'처럼 목적어 두 개가 연이어 나오는 게 잘못은 아니지만, '어제 나는 영화 두 편을 봤다'에서 보듯이 목적격조사 하나를 줄이면 훨씬 부드러워진다. 다듬으면 다듬는 만큼, 글은 달라지는 법.

'거짓말(서울대 학력위조)과 엄청난 개인재산 보유한 설정스님, 조계종 총무원장 자격없습니다!…'

신문에 실린 광고 문구다. 한데, '보유한'이 '엄청난 개인재산'뿐만 아니라 '거짓말'까지 꾸미는 꼴이라 어색해졌다. '거짓말(서울대 학력위조) 하고 엄청난 개인재산 보유한…'쯤만 돼도 훨씬 덜 껄끄럽다. 주어-술어 연결, 즉 주술관계만 잘 확인해도 웬만한 비문은 막을 수 있다.

'한번은 지구 반대편 볼리비아 소금사막에 갔었다. 지평선 끝까지 거짓말 같은 소금사막. 설탕보다는 소금. 국수, 팥죽, 감자까지 나는 소금을 찍어 먹는다.'

여기서는 넷째 문장이 문제다. '찍어 먹는다'에 '감자'는 몰라도 '국수, 팥죽'은 별로 어울리지 않기 때문. '나는 국수, 팥죽에도 소금을 쓰고, 감자까지 소금을 찍어 먹는다'면 어느 정도 수습이 되겠다. 이게 너무 길어 보인다면 '국수, 팥죽, 감자에까지 나는 소금을 쓴다' 정도로 압축할 수도 있다.

'그가 적자인생을 면하려면 아파서도 안되고, 친구를 만나도 안되고, 회식은 물론 영화를 관람해서도 안된다.'

이 문장에도 같은 오류가 보인다. '관람'이 '영화'뿐만 아니라 '회식'까지 꾸미기 때문이다. '회식에 가는 것은 물론이고 영화를 관람해서도 안 된다'라야 오류가 없어진다.

〈전인지 준우승… 한국 선수 LPGA 4연속 우승 실패〉

이 제목은 실패한 것이 무엇인지가 모호하다. 한국 선수가 '3연속 우승'에서 멈춘 것인지, 아니면 우승하지 못한 것이 4대회 연속이라는 것인지…. 본문을 확인해야만 알 수 있다면, 성공한 제목이랄 수는 없겠다. 성패는, 알고 보면 딱 한 뼘 차이다.

¶
새내기 문인들이여
힘 있고 정확한 문장을 위해

해마다 1월 1일이면 여러 신문 신춘문예 당선작들을 모은
다. 그러고는 아이스크림 핥듯이 조금씩 읽는 재미를 즐긴다.
국문학과 다니던 문청 시절부터 그랬으니 40년 가까이 된 버
릇이다. 초록빛 물이 뚝뚝 듣는 듯한 말 '신춘'에다 어쩌면 인
간이 해낼 수 있는 가장 고급한 창작물이랄 수 있는 '문예'가
붙어 있으니 아직 추위가 매서워도 봄이 코앞에 온 듯한 기분
까지 만끽한다.

하지만 짜증을 느낄 때도 있다. 군데군데 툭툭 튀어나오는
오자와 비문, 어색한 표현들 때문이다. 신춘문예 단편소설 중
에서 실제로 보자.

'…극장에서 상영될지 여부도 불확실하다….'

'상영될지 여부'는 풀어 쓰면 '상영이 되든지, 안 되든지'이
다. 이 '경우의 수'를 합하면 100%가 되는 셈. 그러니 '상영 여
부'는 불확실한 게 아니라 확실하다. '극장에서 상영될지도 불
확실하다'라야 했던 것.

'쪽진 머리의 며느리 탈을 뒤집어 쓴 배우가 방귀를 낄 때마다 박수를 치며 깔깔댔다.'

'쪽지다'라는 우리말이 없으니 '쪽진 머리'는 있을 수 없는 말. 쪽은 '시집간 여자가 뒤통수에 땋아서 틀어 올려 비녀를 꽂은 머리털. 또는 그렇게 틀어 올린 머리털'을 가리키는데, '찌다'라는 서술어와 어울린다. '찌다'는 '머리카락을 뒤통수 아래에 틀어 올리고 비녀를 꽂다'라는 뜻. 그러니 '쪽 찐 머리'라야 했다.

'…한 편의 장편영화를 만드는 데 필요한 예산의 최소한도임에도….'

두 번 나온 토씨 '의'를 없애면 더 부드러운 문장이 된다. '장편영화 한 편 만드는 데 필요한 최소한도 예산임에도'면 어땠을까. 일반적으로, 문장이 짧아지면 힘은 더 생긴다.

'머리 벗겨진 40대 중반의 아시아인….'

'벗겨지다'는 '덮이거나 씌워진 물건이 외부의 힘에 의하여 떼어지거나 떨어지다'라는 뜻. 그러니 누군가가 머리를 강제로 뽑았다는 얘기가 된다. 머리카락이나 몸의 털 따위가 저절로 빠지는 건 '벗어지다'라야 했다.

'때문에 이 옷차림으로 폴이 오디션장에 나타났을 때….'

'때문'은 의존명사이므로 문장 첫머리에 쓸 수 없다. '그렇기 때문에/이 때문에'처럼 의존할 말이 반드시 먼저 나와야 한다.

당신은 내가 가장 사랑하는 여자 중 한 사람이야

영어식 표현의 난감함

'베트남 다낭은 한국인이 가장 선호하는 여행지 중 하나다.'

한 신문에 실린 어느 여행작가의 글 첫 문장인데, 글쓴이가 기자였다면 비난을 좀 받을 뻔했다. 다낭이 한국인이 가장 선호하는 여행지인지 아닌지가 불분명하기 때문. 가장 선호하는 여행지라면 '베트남 다낭은 한국인이 가장 선호하는 여행지다'라야 했고, 그렇지 않다면 '베트남 다낭은 한국인이 아주 선호하는 여행지다'라야 했을 터. 취재가 부족하면 저렇게 두루뭉술하게 쓸 수밖에 없는 것이다.

다 알다시피 '가장 ~한 ○○ 중의 하나'라는 표현은 영어 'one of the most ~ ○○'를 번역한 것이다. 뭐, 영어를 번역해 쓰는 건 좋다. 문제는, 직역을 하는 바람에 우리 말법에는 어울리지 않는다는 것. '가장'이라는 우리말은 '여럿 가운데 어느 것보다 정도가 높거나 세게'라는 뜻이다. 단 하나뿐이라는 얘기다. 세상에서 가장 높은 산도 하나요, 가장 긴 강도 하나요, 가장 키 큰 사람도 한 사람뿐이다. 한데, 그런 '가장' 뒤에 여럿이 있다는 뜻인 '중'이 붙었으니 사달이 날 수밖에 없는 것.

'21일 미국 경제전문지 포춘에 따르면 애플은 올해 '전 세계 가장 존경받는 기업(World's most admired companies 2018)'에서 1위를 차지했다.'

이 신문기사에서도, '가장' 존경받는 기업이라면 당연히 1등이니 '1위를 차지했다'가 쓸데없다. 게다가 사람에게 주로 쓰이는 '존경'보다는 '칭찬, 감탄, 동경'에서 골라 쓰는 게 옳았다. 그러니 '칭찬받는 세계 기업 순위'나 '우러름 받는 세계 기업 순위'쯤이면 무난하지 않았을까.

예전에 아이들이 즐기던 난센스 퀴즈에 이런 게 있다. "백두산에서 제일 큰 나무는 몇 그루게?" 답은 당연히 "한 그루"인데, 요즘 같으면 영어식 표현에 푹 젖어서 정답 맞히기도 어려울 지경이다. 둘러보면 신문이나 책마다 '가장 많은 사랑을 받은 작품 중 하나/국내 최대 공기업 중 하나'처럼 버터 냄새 나는 표현이 널렸다. 이렇게 우리 말글살이를 어지럽힌 책임은, 이 나라에서 말 좀 하거나 글깨나 쓴다는 사람들이 져야 한다. 암만 살펴봐도 민초들이 저런 표현 쓰는 건 들어보지 못했으니까.

그럼에도, 자기도 모르게 저런 영어식 표현이 자꾸만 튀어나온다면, 아내(혹은 여자 친구)에게 이렇게 한번 얘기해 보기를 권한다.

"당신은 내가 가장 사랑하는 여자 중 한 사람이야."

다듬고 또 다듬자
비문을 없애는 지름길

'최(순실)씨는 초췌한 얼굴로 우울증을 앓고 있으며 두통과 심장이
아프다고 호소했다.'

어느 신문 기사 구절이다. 한데, '두통과 심장이 아프다'라
는 표현이 어색하다. 심장이야 아프겠지만, 두통은…. 다른
신문엔 '우울증이 있고 심장, 몸이 많이 아프다'거나 '심장도
나쁘고 두통도 있다고 계속 투덜투덜했지만 건강 상태는 이
전보다 더 나아 보였다'고 실렸다. 글을 다듬는 마지막 공정
을 소홀히 해 비문을 만들고 만 것. 여러 길이 있지만, '주어-
서술어'가 잘 호응하는지를 살피는 게 비문을 없애는 지름길
이다.

'정치자금은 국회의원이 정책 개발이나 입법 활동 등 정치 활동에
드는 비용이다.'

이 비문 신문 기사는 '정치자금은 국회의원이 정책 개발이
나 입법 등 정치 활동을 하는 데 드는 비용이다'로 고치는 게
가장 쉽겠다. 더 짧게는 '정치자금은 정책 개발이나 입법 등

국회의원의 정치 활동에 드는 비용이다'면 될 터.

'2015년 무너진 동래읍성 인생문이 조선시대 설계도 '축성계초'
를 활용해 복구 공사를 일부 완료하고 다음 달 1일 1차 개통된다.'

이 신문 사진설명 역시 서술어 '완료하고/개통된다'가 어색
하다. 완료하는 건 행정관청일 테고, 개통되는 건 인생문이니
아래처럼 쓰는 게 나았다.

'2015년 무너진 동래읍성 인생문이, 조선시대 설계도 '축성계초'
를 활용한 복구 공사가 일부 완료돼 다음 달 1일 1차 개통된다.'

'신문들이 뭐 이래' 싶겠지만, 신문보다 더 엄격해야 할 사
전에도 비슷한 잘못이 있는 게 현실이다. 〈표준국어대사전〉을
보자.

연꽃 수련과의 여러해살이 수초. 연못에서 자라거나 논밭
에서 재배하며 뿌리줄기가 굵고 옆으로 뻗어 간다….

이 뜻풀이 역시 서술어 '(연꽃이)자라거나/(사람들이)재배하
며'의 주체가 따로 놀아 어색하다. '연못에서 자라거나 논밭에
서 재배되며'라야 했던 것. 국립국어원은 뒤늦게 '논밭에서 재
배하며'를 '연못이나 논과 같이 물 빠짐이 좋지 않은 곳에서
재배되며'로 아주 복잡하게 고쳤다.

물론, 사전조차 이렇다고 해서 잘못 쓴 글이 용서되는 건 아니니, 결국 스스로 글을 다듬고 또 다듬을 일이다.

교열기자의 속사정 1

여러 곳에서 보내오는 수많은 원고를 들여다보는 게 일이다 보니 재밌는 말도 많이 만난다. '무릎쓰고(→무릅쓰고), 악천우(→악천후)'는 자칫 속아 넘어가기 쉬운 말들. '굵어죽다(→굶어 죽다), 모텔료(→모텔료), 자짓(→자칫)'은 살짝 웃게 만드는 오자들이다. 어마뜨거라 싶은 말도 있다.

'조선기자개업종(→조선기자재 업종), 뇌성미비(→뇌성마비), 어른신(→어르신).'

이런 오자를 놓쳐서 신문에 찍혀 나오기라도 하는 날이면, 밥은 다 먹었다, 생각해야 한다. 그래서 두 눈에 불을 켜지만 그래도 오자는 끊임없이 신문지 위에서 춤을 춘다. 놓쳐서 못 고치고, 몰라서 못 고치고…. 모두 교열기자의 숙명인 것이다.

'민주주의 이념과 가치를 존중하는 한국과 일본이 하나가 되어 사상과 표현의 자유도 없는 독재국가인 저들(중국, 북한)에게 본때를 보여주잖다.'

어느 신문 칼럼 구절인데, '보여주잖다'가 웃게 만든다. 글쓴이의 의도는 '본때를 보여 주자고 한다'였을 것. 하지만 정작 글은 '본때를 보여 주지 말자'는 뜻이 돼 버렸기 때문이다.

'~잖다'는 '~지 않다'가 줄어든 말. 그래서 '그렇지 않다'는 '그렇잖다'로, '적지 않다'는 '적잖다'로 줄어든다. 반면 '~자고 한다'는 '~잔다'로 줄어든다. 그러니 '본때를 보여주잖다'가 아니라 '본때를 보여 주잔다'라야 했던 것.

'300만마리 가까운 닭과 오리가 곡절 없이 언 땅에 묻혔다. 99% 이상은 조류인플루엔자에 걸리지 않은 건강한 생명체다.'

어느 신문의 기사인데, '곡절 없이'라는 말이 생뚱맞다. '곡절'은 '이런저런 복잡한 사정이나 까닭'인데, 닭과 오리가 땅에 묻히는 까닭이 왜 없겠는가. 저 자리에는 '단념할 수밖에 달리 어찌할 도리가 없이'라는 뜻의 '속절없이'가 어울린다. 닭과 오리로서야, '살처분'하겠다는데 무슨 도리가 있겠는가.

¶
우리말이 어렵다는 사람이 많다.
하지만 알고 보면 꼭 그렇지만도 않다.
원리만 알면 누구라도 틀리지 않게 쓸 수 있기 때문이다.

2장

| 문 | 법 | , | 좋 | 은 | | 문 | 장 | 을 | | |
| 위 | 한 | | 무 | 기 | | | | | | |

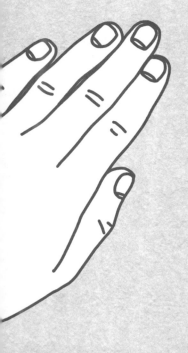

조사를 가볍게 여기지 마시라

> **조사(助詞)** 체언이나 부사, 어미 따위에 붙어 그 말과 다른 말과의 문법적 관계를 표시하거나 그 말의 뜻을 도와주는 품사.

조사(토씨)는, 사전 풀이로 보면 이렇게 간단하지만, 게다가 기껏해야 거의 한두 음절이지만, 이게 또 그렇게 가벼이 여길 품사가 아니다. 조사 하나 들어가고 빠지는 데 따라 얼마나 큰일이 벌어지는지는 아래 보기글에서 확인할 수 있다.

'우리 경제가 심각한 부진에 빠진 가운데 투자 부진도 심각해 3분기 건설투자는 전분기 대비 6.4%로 감소했다.'

실제로 저렇다면 정말 큰일이다. 하지만 다행스럽게도 조사 하나를 잘못 썼을 뿐. 즉, '6.4% 감소'를 '6.4%로 감소'로 쓰는 바람에 빚어진 오류다.

'김삼화 의원이 한전으로부터 제출받은 국정감사 자료에 따르면,

해당 화재 사건은 '배터리 충전량을 8~85%로 조절하면서' 발생했다고 28일 밝혔다.'

여기서는 '으로부터'라는 조사가 부드럽잖다. 물론 이런 '(격)조사+(보)조사' 결합이 우리말에서 없진 않다. 다만, 입말에서 '(으)로부터'를 거의 쓰지 않는 걸 보면, 그렇게 권장할 말은 아니라는 것. 실제 대화를 보자.

김가나: 어! 그 시계 멋있다. 어디서 난 거냐?
이다라: 응, 멋있지! 할아버지로부터 물려받은 거야.

저기서 '할아버지로부터 물려받은'은 '할아버지한테서 물려받은'이 부드럽고 '할아버지께서 물려주신'이 훨씬 더 자연스럽다. 말을 하듯이 글을 쓰라는 얘기는, 입말처럼 쓰는 게 더 부드럽기도 하거니와, 글도 짧아지기 때문에 '언어의 경제성'으로 보아도 설득력이 있다. 그러니, '한전으로부터 제출받은'은 '한전에서 제출받은/한전이 제출한'이라야 입말스럽다. 참고로, 국립국어원은 '온라인 가나다' 답변(2018. 4. 9.)에서 이렇게 고쳐 보인다.

이것은 세잔이 그리는 인물들이 마치 다른 종의 생물로부터 보여진 것처럼 낯설게 나타나는 이유이다.
→ 다른 종의 생물에서 보이는(낯설게 나타나는) 것처럼 세잔이 그리는 인물들 역시 낯설게 나타난다.

¶
품사를 제대로 알면

우리말이 어렵다는 사람이 많다. 하지만 알고 보면 꼭 그렇지만도 않다. 원리만 알면 누구라도 틀리지 않게 쓸 수 있기 때문이다.

'김준호에게 올해는 나름 굉장히 중요한 해다.'

이 기사에선 의존명사 '나름'을 올바로 쓰지 못했다. 말 그대로 의존명사는, 바로 앞에 의존할 말이 있어야 하기 때문이다. '사람 나름, 내 나름대로, 자기 나름으로는' 꼴로 쓰는 게 옳은 것.

하지만 요즘은 '나름 열심히 했지만 결과는 좋지 못했다'처럼, 문장 첫머리에 쓰기도 한다. 물론 의존명사가 저럴 수는 없으므로 '내 나름으로는'쯤으로 고쳐 써야 한다. 또, '김준호에게 올해는 굉장히 중요한 해다'처럼 아예 '나름'을 빼 버리는 게 더 나을 때도 많다.(빼 버리는 게 낫다는 말은, 전혀 쓸데없이 '나름'을 썼다는 얘기이기도 하다.) '나름'을 '그런대로'로 바꿔 쓰면 더 어울리는 때도 있다.

'손아섭은 부상 때문에 전지훈련을 가지 못했다. 때문에 올 시즌도 초반은 성적이 저조할 수밖에 없어 보인다.'

이 문장에서도 같은 오류가 있다. '어떤 일의 원인이나 까닭'을 뜻하는 '때문' 역시 의존명사이므로 반드시 의존해야 할 수식어가 앞에 있어야 한다. 문장 첫머리에 올 수 없는 것도 두말하면 잔소리. 그러니 둘째 문장 첫머리에 나온 '때문에'는 잘못이다. '그 때문에, 이 때문에'처럼 고쳐야 하는데, 역시 아예 없애 버리는 게 나을 때도 있다.

〈'육룡이 나르샤' 변요한, 상처 투성이 손 공개…명품 액션 이유 있었네〉

이 제목은 띄어쓰기가 바르지 않다. '-투성이'는 접미사여서 앞말에 붙여 써야 하기 때문이다. 그러니 '상처투성이, 재투성이, 피투성이, 흙투성이'처럼 쓰면 된다.

이처럼 띄어쓰기를 자주 틀리는 말로는 '커녕'도 있다. '커녕'은 조사이고, 조사는 체언이나 부사, 어미 따위에 '붙어야'하므로 '밥커녕, 사랑커녕'처럼 쓰는 게 옳은 것. 또, 'ㄴ커녕, 는커녕, 은커녕'도 모두 조사여서 '어린인커녕, 차표는커녕, 달력은커녕'으로 써야 한다.

'이번 학기 성적은 꽤 잘 나왔다. 뿐만 아니라 장학금도 받게 됐다.'

여기 나온 '뿐만 아니라'도 마찬가지. '뿐' 역시 조사여서 이렇게 문장 첫머리에는 올 수가 없다. '그뿐만 아니라'처럼 써야 하는 것.

　결국, 품사를 제대로 알면 어려울 것도, 틀릴 일도 없는 것이다.

¶
으뜸꼴을 찾아서

우리가 쓰는 말이라는 게, 어느날 갑자기 하늘에서 뚝 떨어진 것이 아니어서, 근본이 있고 이유가 있고 사연이 있게 마련이다. 용언의 으뜸꼴(기본형)을 규범과 법칙에 따라 활용하는 것도 모두 그 때문이다. 규범과 법칙을 알면 사용하는 데 어려움이 확 줄어드는 것이다.

연싸움을 하던 아이들은 뜻대로 되지 않자 발을 동동 굴렸다.

사실, 이렇게 잘못 쓸 사람은 별로 없을 터. 누구라도 발은 굴리는 게 아니라 구른다는 걸 알고 있으니까 '동동 굴렀다'로 쓸 것이다. 한데, 이런 건 어떨까.

다시는 함부로 앞에 나서지 말아야지 하고 마음을 공굴렀다.

공굴렀다…? 아니, '공굴렸다'인가? 이렇게 헷갈리는 가장 큰 이유는 으뜸꼴을 모르기 때문이다. '마음이나 생각 따위를 흔들리지 않도록 다잡다'라는 뜻으로 쓰는 말은 '공글리다'다. 그러니 '공글렸다'로 써야 옳았던 것.

좋은 문장을 쓰고 싶다면

20대 여성 A씨는 4주 전 계단에서 넘어지면서 왼쪽 발목을 접질렀다.

이 문장에 나온 '접질렀다'도 으뜸꼴을 잘 몰라 생긴 실수다. '심한 충격으로 지나치게 접혀서 삔 지경에 이르다'라는 뜻으로 쓰는 말은 '접질리다'다. 그러니 '접질렸다'로 써야 했다.

말이 미처 끝나기도 전에 문추가 말에 채찍을 가하여 창을 꼰아들고 곧바로 달려나와 다리 위로 올라섰다./군청 앞에 분식집을 차려 6년 동안 번 돈은 사진집 출판에 꼴아박았다.

여기 나온 '꼰아들고/꼴아박았다'도 으뜸꼴이 '꼬나들다/꼬라박다'임을 알았더라면 '꼬나들고/꼬라박았다'로 바르게 썼을 터.

〈[오늘날씨] 전국이 꽁꽁… 손이 시려워 발이 시려워…〉

어느 기사 제목에 나온 '시려워'는 '시려'라야 했다. 〈표준국어대사전〉을 보자.

시리다 몸의 한 부분이 찬 기운으로 인해 추위를 느낄 정
도로 차다.

으뜸꼴이 이러니 '시리-+-어→시리어/시려'가 된다.(활용꼴
이 '시려워'가 되려면 으뜸꼴이 '시렵다'라야 할 터.) 비슷하게 생긴 형
용사 '느리다, 비리다, 쓰리다, 아리다, 흐리다' 따위를 활용해
보면 '시려워'가 말이 되지 않는다는 걸 더욱 쉽게 알 수 있다.

  ㉠ 느려워, 비려워, 쓰려워, 아려워, 흐려워
  ㉡ 느려, 비려, 쓰려, 아려, 흐려

  ㉠이 아니라 ㉡이 옳은 표현이라는 데서 알 수 있듯이, '시려
워'는 근본 없고 난데없는 표현인 것. 말에는, 아직 족보가 살
아 있다.

나랏님 아닌 나라님
헷갈리는 사이시옷

'계핏가루, 공붓벌레, 도낏자루, 등굣길, 마맛자국, 막냇동생, 만홧
가게, 뭇국, 북엇국, 소싯적, 시곗바늘, 장맛비, 태곳적, 하굣길.'

사이시옷 규정이 바뀐 지 30년이 다 되어 가지만, 아직도 이
런 말들이 낯설다. 왠지 우리말 같지 않아 보여서 이물감이 느
껴지는 듯하다. 하지만, 원칙은 원칙. 지키는 수밖에 없다. '장
맛비'는 '된장·간장맛이 나는 비냐'고 시비 거는 이도 있지만,
'장마비'라고 써도 별수 없다. '장마비'라면 '위장이나 대장이
마비된다는 얘기냐'는 시비에는 또 어쩔 것인지…. 하여튼 복
잡하다거나 불합리하다는 불평과는 별개로, 사이시옷 규정을
올바로 아는 것도 중요하다. 신문 제목들을 반면교사 삼아서
보자.

〈'1조 손실' 하베스트 뒷처리에 국민연금 동원〉

이 제목에선 '뒷처리'가 틀렸다. '뒤처리'로 써야 한다. 합성
어에서 뒷말 첫소리가 된소리(경음)·거센소리(격음)일 때는 사
이시옷을 받쳐 적지 않는다. 그래서 '뒷꿈치, 뒷풀이, 윗층'이

아니라 '뒤꿈치, 뒤풀이, 위층'으로 쓰는 것.

〈은퇴준비 천릿길의 첫걸음〉

이 제목에 나온 '천릿길'도 잘못. 구조를 따져 보면 '천리+ㅅ +길'인데, '천 리'는 한 단어가 아니니 띄어 써야 하고, '길' 역시 독립된 명사이니 띄어 써야 한다. 붙여 쓰지 않으니 사이시옷이 쓰일 리도 없다. 즉 '천릿길'은 '천 리 길'로 써야 한다. 〈표준국어대사전〉에서 '천(千)'을 찾아보면 올바른 표기 방식을 눈으로 확인할 수 있다.

천 리 길도 한 걸음부터 무슨 일이나 그 일의 시작이 중요하다는 말.
천 리 길도 십 리 그리운 사람을 만나러 갈 때에는 먼 거리도 아주 가깝게 느껴진다는 말.

참고로, '길'은 '등굣길, 산책길'처럼 몇몇 명사 뒤에 붙어서 '과정, 도중, 중간'의 뜻을 나타낼 때는 앞말에 붙는다. '달맞이길, 초량이바구길'처럼 고유명사일 때도 마찬가지.

〈월세집서 주인 행세한 전세사기 일당 덜미〉

이 제목에서 월세집은 '월셋집'이라야 한다. '합성어에서 예

좋은 문장을 쓰고 싶다면

사소리(평음)인 뒷말 첫소리가 된소리로 나면 사이시옷을 받쳐 적는다는 원칙 때문이다. '나룻배, 샛강, 잿더미, 콧병'처럼.

〈바람 햇님이 밀어주는 기차… 비전력놀이공원 개장〉

여기서 '햇님'은 '해님'으로 써야 했다. '-님'이 접미사여서 '해님'은 파생어이기 때문이다. 파생어에는 사이시옷을 받쳐 적지 않는다. '사붓님, 형숫님'이라 적지 않는 것도 그런 이유.

〈송현정 논란, 대통령과 나랏님 사이〉

여기에 나온 '나랏님' 역시 파생어여서, '나라님'이라야 했다.

¶
사이시옷의 열쇠, 합성어와 파생어

〈찔러도 피 안나는/주사바늘 나왔다〉

어느 신문 제목인데, 본문에는 '…찔러도 출혈이 없는 주삿바늘을 개발했다'고 돼 있다. 제목은 '주사바늘', 본문은 '주삿바늘'로 쓴 것이다. 또 같은 신문 〈금배추·금무…채소값 2배이상 치솟아〉 기사 본문에는 '시금치, 고추 등 채솟값이 1년 전보다 두배 넘게 오르면서, 전체 물가지수를 끌어올렸다'고 돼 있다. 역시 제목은 '채소값', 본문은 '채솟값'으로 달리 쓴 것.

이렇게 제목과 본문이 따로 노는 이유는 두 가지로 추측할 수 있다. 이 신문 편집부에서 '값'이 붙은 복합어를 쓸 때 사이시옷을 넣지 않기로 했거나, 아니면 두 기사의 제목이 우연히 같이 틀렸거나.(어문규범에 맞는 말은 '주삿바늘, 채솟값'이다.)

하여튼, 말에 관한 전문가들이 모여서 신문을 만들면서도 논란을 벌이거나 틀리게 쓸 정도로 '사이시옷'은 쉽지 않다. 한데, 이 어려운 문제를 푸는 열쇠 가운데 하나가 바로 '합성어/파생어' 구별하기다. 〈표준국어대사전〉을 보자.

합성어 둘 이상의 실질 형태소가 결합하여 하나의 단어가 된 말. '집안', '돌다리' 따위이다.

파생어 실질 형태소에 접사가 결합하여 하나의 단어가 된 말. 명사 '부채'에 접미사 '-질'이 붙은 '부채질', 동사 어간 '덮-'에 접미사 '-개'가 붙은 '덮개', 명사 '버선' 앞에 접두사 '덧-'이 붙은 '덧버선' 따위가 있다.

여기서 합성어에는 사이시옷이 붙을 수 있지만, 파생어에는 절대로 붙지 않는다고 생각하면 된다. '기도발/기돗발'에서 보자면 '-발'이 접미사이므로 '기도발'이 옳은 것처럼. 한 자짜리 물고기를 뜻하는 '자짜리'가 '잣짜리'로 쓰이지 않는 것도 같은 이유.

사실, 이 '자짜리'에 사이시옷이 붙지 않는 이유가 하나 더 있다. 사이시옷은 파생어뿐만 아니라 '뒤쪽, 뒤차, 위층'처럼 뒤에 나오는 실질 형태소가 된소리(쪽)나 거센소리(차, 층)일 때도 쓰지 않는다. 예사소리보다 발음이 센 된소리나 거센소리 앞에 굳이 사이시옷을 넣어 발음을 더 분명하게 할 필요가 없기 때문이다. 이걸 알면 '-짜리'가 접미사인 줄 모르더라도, 그러니까 이 말이 파생어인 줄 모르더라도 사이시옷을 끼워 넣는 실수를 하지 않을 수 있다.

이렇게 하나둘 챙기다 보면, 사이시옷도 그리 어렵지 않다는 걸 알게 되는 날이 성큼 다가온다. 공부하는 재미도 함께.

¶
'행복하자'가 말이 안 되는 이유

'…행복하자/우리 행복하자/아프지 말고 아프지 말고/행복하자 행복하자/아프지 말고 그래 그래….'

자이언티의 노래 '양화대교' 가사다. 아픈 사람 하나 없는 집안은 없을 것이니 누구라도 가슴 먹먹해할 노랫말이지만, 잘못이 있다. '행복하자'가 말이 안 되는 것. '행복하- + -자'에서 종결 어미 '-자'는 청유형이다. '가자/달리자/먹자'처럼, 말하는 이가 듣는 이에게 같이 행동할 것을 요청할 때 쓴다. 같이 '행동'할 것을 바라므로, 당연히 동사에만 붙는다. 하지만 '행복하다'는 형용사여서, '행복하자'가 성립할 수 없다.

청유형 '-자'를 꼭 써야겠다면 '행복해하자'처럼, 앞에 오는 형용사를 동사로 바꿔야 한다. '예쁘자/훌륭하자'가 아니라 '예뻐지자/훌륭해지자'처럼 써야 하는 것.

잘못 하나 더. '아프지 말고'에서 '말고'는 보조동사다. '가지 마라/달리지 말고/먹지 마라'처럼, 동사 뒤에서 동사가 뜻하는 행동을 하지 못하게 함을 나타내는 말이다. 하지만 역시 '아프다'가 형용사여서, 보조동사 '말고'가 뒤에 붙을 수 없는 것. 마찬가지로, 앞말을 동사로 바꿔 '아파하지 말고'처럼 쓰

좋은 문장을 쓰고 싶다면

면 된다.

'북한처럼 정치 과정의 투명성이 떨어지는 체제를 이해하려면 기본에 충실하는 게 안전하다.'

이 기사에 나온 형용사 '충실하는'은 '충실한'으로 바꿔야 한다. 형용사 어간에는 어미 '-는'이 붙을 수 없다.
동사와 형용사는 같은 '용언'이지만, 이렇게나 차이가 있다. 차별이 아니라, 성질과 역할에 따른 구별인 것.

"…망명 중이던 김대중 전 대통령의 동향을 전두환 정권에 보고했다는 비판에 대해선 기가 막히다는 생각을 한다. …('친박이 아니냐'는 지적에 대해)너무 확대 해석해 다른 방향으로 가는 건 제가 보기에도 기가 막히다."

언론에 보도된, 반기문 유엔 사무총장이 관훈클럽 간담회에서 했다는 말인데, '기가 막히다'라는 표현이 어색하다. '막히다'는 동사여서 저렇게 기본형으로 쓰면 잘못인 것. '막혔다/막힌다/막힐 것이다'처럼 활용을 해야 한다. 한국을 떠나면서 막판 '치고 빠지기'를 통해 왜 별명이 '기름장어'인가를 보여준 반 총장. 하지만 별명에 어울리지 않게 '대권 행보'를 분명히 밝히자 '국내에 조언하는 누군가가 있다'는 보도가 있었는데, 능력 있는 우리말 조언자도 있었으면 어땠을까?

¶
원리 원칙만 알면 머리에 쏙쏙
동사와 형용사의 활용법

'문법'이나 '맞춤법'이라는 말만 들어도 머리가 지끈거린다는 사람이 많겠지만, 사실은 과민 반응이다. 원리 원칙만 알면 머리에 쏙쏙 들어오는 게 바로 우리 말법인 것.

'아베 총리의 워싱턴 방문에서 보여 주듯 미국과 일본은 급속도로 가까와지고 있다.'

이 문장에서 잘못 쓴 말은 '가까와지고'다. '가깝다'가 어떻게 활용되는지 잘 몰랐기 때문이다. 형용사들의 활용을 보자.

밉다-미워-미운-미우니-미워서
반갑다-반가워-반가운-반가우니-반가워서
부럽다-부러워-부러운-부러우니-부러워서

이런 활용꼴에 비춰 보면, '가깝다'가 이렇게 활용한다는 걸 알 수 있다.

좋은 문장을 쓰고 싶다면

가깝다-가까워-가까운-가까우니-가까워서

ㅂ불규칙활용이어서, 어간 받침 'ㅂ'이 모두 '우'로 변하면서 이렇게 활용되는 것이다. 그러니 '가까와지고'가 아니라 '가까워지고'라야 했던 것. 한데 받침 'ㅂ'이 무조건 '우'로만 변하는 건 아니다. '오'로 변하기도 한다.

돕다-돕고-도와-도우니-도와서

이처럼 '돕다'는 '-아, -아서, -았-' 등과 같이 '아'로 시작하는 어미가 결합할 때는 '도와, 도와서, 도왔다'로 활용하고, '-으니, -으면, -을까'처럼 그 외의 모음으로 시작하는 어미와 결합할 때는 '도우니, 도우면, 도울까'로 활용한다.

좀 혼란스러울 수도 있겠다. 하지만 이렇게 받침 'ㅂ'이 '오'로도 변하는 말은 '돕다[助]'와 '곱다[麗]', 딱 둘뿐이니 기억하기는 쉽다.

한데, 이 동사 '돕다'를 활용할 때 조심해야 할 게 있다.

'혼잡한 교차로에서 아이들이 제대로 횡단하도록 도우는 제일 좋은 방법은 차 사이 간격이 가장 긴 곳을 찾도록 가르치는 것.'

흔히 이렇게들 쓰지만 '도우는'은 잘못이다. 아래 활용을 보자.

굽다-구워-굽는-구우니-구워서
눕다-누워-눕는-누우니-누워서

이렇게 보면 '굽는, 눕는'으로는 활용해도, '구우는, 누우는' 으로 활용하지는 않는다는 걸 알 수 있다. 즉, '도우는'이 아니라 '돕는'이라야 제대로 된 활용인 것. '도운다' 역시 '돕는다' 라야 한다. '구운다, 누운다'가 아니라 '굽는다, 눕는다'로 쓰는 것처럼….

그러고 보면, 헷갈릴 때 비슷한 말과 비교해 보는 것도 우리 말을 잘 쓰는 요령 가운데 하나인 셈.

좋은 문장을 쓰고 싶다면

밤을 지새다? 지새우다!

'우'가 일으키는 변화

'초강력 한파 속에 하늘길이 막혔던 제주공항의 운항 중단 기한이 오늘(25일) 저녁 8시까지로 다시 늦춰졌다. 9만 명의 발이 묶인 가운데 승객들은 공항 바닥에서 밤을 지새웠다.'

폭설로 마비됐던 제주공항을 다룬 기사 〈제주공항 운항중단, 9만명 바닥에서 밤 지새…광주공항은?〉 가운데 한 구절이다. 한데, 본문은 '지새웠다'이고, 제목은 '지새'로 돼 있어 이상해 보인다. 이렇게 '지새우다, 지새다'로 달리 써도 되는 것일까. 〈표준국어대사전〉을 보자.

> **지새다** 달빛이 사라지면서 밤이 새다.(그는 밤이 지새도록 술잔만 기울이고 있었다./어느덧 날은 지새고 깊은 겨울 찬 새벽바람 속에….)
>
> **지새우다** ('밤' 따위와 함께 쓰여)고스란히 새우다.(남동생은 몇 날 며칠 밤을 지새우며 시험공부를 하였다./그는 긴 밤을 하얗게 지새우며 아들 소식을 기다렸다./…)

2장 문법, 좋은 문장을 위한 무기

이렇게 나란히 놓고 보면 차이가 확연하다. 지새다는 '밤'이
나 '날'이 스스로 하는 것이고, 지새우다는 '남동생'이나 '그'가
주체인 것. 더 쉽게는, '밤이 지새다/밤을 지새우다'에서 보듯
이 토씨(조사)가 달라지는 것으로 구별할 수 있다. 이는 다른
말에서도 응용하면 된다.

'잠이 깨다/잠을 깨우다, 집이 비다/집을 비우다, 배가 차다/배를
채우다, 아이가 서다/아이를 세우다, 꽃이 피다/꽃을 피우다….'

이러니 '담배를 피다'가 아니라 '담배를 피우다'인 것도 쉽게
알 수 있는 것. 사동 접미사 '-우-'가 일으키는 변화다. 문장을
하나 더 보자.

'아이들은 새로운 사람들을 만나고 교감하면서 세상은 더불어 사
는 곳임을 스스로 깨우쳐 가고 있다.'

여기서 이상한 말은 '깨우쳐'다. 사전을 보자.

깨치다 일의 이치 따위를 깨달아 알다.
깨우치다 깨달아 알게 하다.

그러니까, 스스로 깨닫는 건 '깨우쳐'가 아니라 '깨쳐'로 써

야 하는 것. '깨우치다'는 남을 깨닫게 하는 것이니 '스스로'와 결합하면 어색해질 수밖에 없다. 하지만, 몰랐다고 부끄러워할 건 없다. 나라에서 만든 〈'표준'국어대사전〉에조차 이렇게 잘못돼 있는 판이니….

독성(獨聖) '나반존자'를 달리 이르는 말. 홀로 도를 깨우쳤다 하여 이렇게 이른다.

¶
불에 덴 자국을 보니 목이 메는구나

접미사 '이'의 잘못된 사용

'보스턴은 이미 '대표 없는 곳에 과세 없다(No taxation without representative)'라고 외쳤던 깨인 지역이었다.'

원문까지 착실히 인용한 이 글은, 단어 하나 잘못 쓰는 바람에 힘이 빠져 버렸다. 아래 글도 마찬가지.

'19일 새벽 6시부터 오후 6시까지 혁명의 물결이 이 아사달 신시를 휘덮으리라! 조선의 깨인 자들이여! 남김없이 혁명의 대오에 어깨를 엮어라!'

공통된 잘못은 '깨인'이다. '생각이나 지혜 따위가 사리를 가릴 수 있게 되다'라는 말은 '깨이다'가 아니라 '깨다'이기 때문이다. 깨이다는 '(잠을)깨다'의 피동사(잠이 깨이다)일 뿐이다. 우리 말글살이에서 이처럼 사동이나 피동의 뜻을 더하는 접미사 '-이-'를 잘못 덧붙여 쓰는 사람이 의외로 많다.

개이다→개다(맑게 개인 날→맑게 갠 날)

닿이다→닿다(타이어가 지면에 닿이는 부분→지면에 닿는 부분)

데이다→데다(불에 데인 것 같은 통증→불에 덴 것 같은 통증)

메이다→메다(목이 메이는지 말을 잇지 못했다→목이 메는지…)

하지만, 너무 자책할 건 없다. 맞글 전문가들조차 틀리기도 하니까. 아래는 어느 실용글쓰기 전문강사가 인터넷 매체에 쓴 글 제목인데, '밴'을 '배인'으로 잘못 썼다.

〈메모습관 배인 당신이 글을 잘 못 쓰는 이유〉

어느 신문에 실린 아래 칼럼에서는 '기댐'으로 써야 할 것을 '기대임'으로 썼다.

'이렇듯 서로 '기대임'으로 모든 있음이 생기는데 만약 기대는 대상이 없어져 버리거나 기대에 미치지 못하면 그 어떤 것이든 찾아서 갈구하는 마음이 생기게 된다. 이것이 욕망이다.'

우리말에 '기대이다'라는 동사는 없다.(북한에서는, '기대이다'로 쓴다.) 아래는 어느 신문 제목.

〈깎이고 패이고… 억겁의 세월이 빚어낸 지질 보물창고〉

〈푹 패인 빙상장서 심야훈련하는 부산 컬링 미래〉

하지만, '파이다'의 준말이 '패다'이므로 '파이고/패고'와 '파인/팬'으로 써야 한다.

'이 도로가 침식되면서 움푹 패여 도랑 역할을 해 상류 재약산에서 내려오는 물이 습지 내부로 유입되는 것을 방해했다.'

역시 '패어'를 '패여'로 잘못 쓴 신문 기사인데, 딸린 사진설명에도 '움푹 패인 고산습지'라는 잘못된 구절이 있다.

¶

교열기자에게 즐거움을 주는 말

'하'가 줄어들 때

'바닥형 보행 신호등 설치로 보행자들이 신호를 쉽게 인식게 돼 횡
단보도 사고 예방에 큰 효과가 있을 것으로 기대한다.'

이런 원고를 마주하면 기분이 좋아진다. 말을 정확하게 부
려 쓴 글을 보는 즐거움이다. 이 정도 필자가 쓴 글이라면 별
로 고칠 게 없을 것이라는 교열기자의 계산속도 있다. 즐거움
을 주는 말은 바로 '인식게'다. 흔히들 쓰는 '인식케'는, 한글
맞춤법에 따르면, 틀렸다.

한글 맞춤법 제40항 '붙임 2'는 어간의 끝음절 '하'가 아주
줄 적에는 준 대로 적는다고 돼 있다. '거북하지, 생각하건대,
깨끗하지 않다, 섭섭하지 않다' 따위를 '거북치, 생각컨대, 깨
끗치 않다, 섭섭치 않다'가 아니라 '거북지, 생각건대, 깨끗지
않다, 섭섭지 않다'로 쓴다는 것. 이때 줄어드는 '하' 앞에 놓인
'거북, 생각, 깨끗, 섭섭'을 보면 마지막 음절(북, 각, 끗, 섭) 받침
이 모두 안울림소리(무성음)라는 공통점이 있다. 해서, '만만하
지 않다, 시원하지 않다'를 줄이면 '만만찮다, 시원찮다'가 되
지만 '넉넉하지 않다, 탐탁하지 않다'를 줄이면 '넉넉잖다, 탐
탁잖다'가 되는 것. 표기가 '-잖-/-찮-'으로 갈리는 건 이 때

문이다. 그래서, '인식하게'는 '인식케'가 아니라 '인식게'로 줄어든다.

쉽게 정리하자면, '하' 앞에 오는 말이 'ㄱ, ㄷ, ㅂ' 따위 안울림소리로 끝날 경우에는 '하'가 통째로 줄어들고, 모음이나 'ㄴ, ㄹ, ㅁ, ㅇ' 따위 울림소리(유성음)로 끝날 경우에는 'ㅏ'만 탈락한다는 것. 해서, 어느 신문 제목 〈공동어시장 노조, 위원장 탄핵키로〉에 나온 '탄핵키로'는 '탄핵기로'라야 했다. '생각하지'를 '생각치'가 아니라 '생각지'로 줄이는 것도 그런 까닭에서다.

"경영환경이 녹녹치 않지만 올해는 황산화물 규제가 본격화되는 만큼 국내 조선 3사가 기술력을 인정받고 있는 LNG선 수주 확대에 기대를 걸고 있다."

어느 기사에 나온 조선업계 관계자 말인데 '녹녹치'가 '녹녹지'의 잘못이라는 건 이제 쉽게 아실 터. 한데, 여기에는 잘못이 하나 더 있다. 〈표준국어대사전〉을 보자.

녹녹하다 ① 촉촉한 기운이 약간 있다. ② 물기나 기름기가 있어 딱딱하지 않고 좀 무르며 보드랍다.

뭐, 비유법이라면 '경영환경이 녹녹지 않다'고 할 수도 있겠다. 하지만, 저 자리에 어울리는 말은 따로 있다.

좋은 문장을 쓰고 싶다면

녹록(碌碌)하다 ① 평범하고 보잘것없다. ② (흔히 뒤에 부정어와 함께 쓰여)만만하고 상대하기 쉽다.(녹록하지 않은 사람. 나도 이제 녹록하게 당하고만 있지는 않겠다….)

이러니 '녹녹치'는 '녹록지'로 써야 녹록하게 보이는 사태를 피할 수 있었다.

¶

첫머리에 올 적에

두음법칙

'…동서의학 접목형의 대체의학으로는 △동종요법 △식이요법 △절식요법 △장요법 △광선요법 △수치료 △고열요법 △양자의학 △뇨료법 등이 꼽혔다.'

인터넷에서 본 글인데, '뇨료법'이 어색하다. 두음법칙을 어겼기 때문. '잔뇨, 야뇨증, 노상방뇨'라 쓰지만 '요의, 요실금, 요도'로 써야 하듯이, '오줌 뇨(尿)'는 말 첫머리에 오면 '요'로 써야 한다.

잘못은 하나 더 있다. 역시 두음법칙을 어긴 것인데, '료법'이 아닌 '요법(療法)'이라야 했던 것. 단독으로 쓸 때는 물론이고 복합어가 되더라도 간요법, 고주파요법, 민간요법, 철요법, 추나요법처럼 '○○+요법'으로 써야 말법에 어긋나지 않는다. 그러니 '뇨료법'은 '요요법'이 옳은 표기였던 것.

두음법칙이 헷갈리는 말로는 '보험료율/보험요율'도 있다. 〈표준국어대사전〉을 보자.

좋은 문장을 쓰고 싶다면

보험료-율(保險料率) 보험료의 비율. 보통 피보험자의 보수 월액에 대한 비율로 나타낸다.

여기서 '보험료-율'이라 표기한 것은, 이 말이 '保險料+率' 구조라는 걸 보여 주기 위해서다. '保險+料率'이 아닌 것. 그러니 '보험요율'로 쓰일 이유가 없다. '보관료율'도 같은 이치.

'환경 보호에 대한 인식이 높아지면서 일회용 컵 대신 보온·보냉 텀블러 사용이 증가하고 있다.'

이 문장에 쓰인 '보냉'도 옳은 표기가 아니다. 한자음 '라, 래, 로, 뢰, 루, 르'가 단어의 첫머리에 올 적에는, 두음법칙에 따라 '나, 내, 노, 뇌, 누, 느'로 적지만, 단어의 첫머리 이외의 경우에는 본음대로 적어야 하기 때문(한글 맞춤법 제12항)에 '보랭'으로 써야 한다. '고냉지, 공냉식'이 아니라 '고랭지, 공랭식'인 것도 같은 이유.
한데, 알고 보면 '보냉-보랭'을 전혀 고민할 필요가 없다. 흔히 '보온-보랭'을 상대개념으로 생각하지만, 따지고 보면 거의 같은 말이기 때문. 표준사전을 보자.

보온(保溫) 주위의 온도에 관계없이 일정한 온도를 유지함.(보온 도시락./보온에 힘쓰다.)

이처럼, 보온은 '온기'를 유지하는 게 아니라 '온도'를 유지한다는 말이다. 즉, 온기든 냉기든 간에 온도를 일정하게 유지하는 것이어서, 보온에 이미 '보랭'이 포함돼 있는 것. '보온·보랭병'이라 할 것 없이 '보온병'이라고만 해도 충분하다는 얘기다.

참고로, 보온병을 '마호병'이라 부르는 사람도 있지만, 이 '마호병'은 '마법병[魔法瓶·まほうびん(마호우빙)]'의 일본어식 표기이니 알고 쓰실 것. 처음 마주쳤을 땐 마법처럼 신기했겠지만 이제는 뭐, 굳이 저런 일본말을 가져올 것까지야….

¶
겨우 그깟 띄어쓰기

띄어쓰기는 우리말에서만 중요한 게 아니다.

① black board/blackboard

똑같은 영어 단어 둘이 한쪽은 붙어 있고 다른 쪽은 떨어져 있다. black board가 검은색 판(자)이고 blackboard는 흑판이라는 뜻. 단지 띄어쓰기 하나에 이렇게 뜻이 갈리는 것이다.

② green house/greenhouse

역시, green house는 그냥 녹색 집이지만 greenhouse는 온실이 된다. 이렇게 단어가 붙어 새로운 뜻이 파생되거나 말뜻이 달라지는 건 우리말에서도 마찬가지다.

③ 만 년/만년

'만 년'은 그냥 '1만 년'이지만, '만년'은 '오랜 세월'이나 '언제나 변함없이 한결같은 상태'라는 뜻. '만년이 지나도 변하지 않을 사람'이나 '만년 청춘, 만년 과장'처럼 쓴다.

　그러니 '만 년 과장'은 일단 그 과장님이 1만 년 넘게 살았다는 얘기가 된다.

④ 만 점/만점

　마찬가지로, '만 점에 1점 모자라는 9999점/백 점 만점, 인기 만점'으로 구별해 쓰면 된다.

⑤ 〈무슬림 위한 기도실/유커 위한 사찰식당//부산 관광 외국인 큰 손 잡아라〉

　어느 신문 제목인데, '큰 손'을 잘못 썼다. 이렇게 쓰면 그냥 손이 크다는 말일 뿐이다. '큰손'으로 붙여 써야 '귀한 손님, 큰 손님'이라는 뜻이 된다.

⑥ 산복도로에서는 부산항이 한 눈에 다 들어온다.

　이 문장에서는 '한 눈에'가 어색하다. '한 눈'은 '눈 하나'라는 뜻이어서, 한쪽 눈을 감고 있거나 한쪽 눈이 실명인 상태라는 말이 되기 때문이다. '한꺼번에, 또는 일시에 보는 시야'를 가리키려면 '한눈에'로 붙여 써야 한다.

　그래도 "애걔, 그까짓 띄어쓰기!"라고 할 독자께는 이런 이야기를 들려 드린다. 예전에 '우리말 달인'을 뽑는 텔레비전 퀴즈 프로그램에서 '바로 그다음 날'을 가리키는 3음절 낱말을 물었다. 도전자의 대답은 "다음날". 하지만 '다음날'은 '정하여 지지 아니한 미래의 어떤 날'이라는 뜻('다음날, 광복이 되면 조국에서 다시 만나자'처럼 쓴다.)이어서 오답으로 처리됐다. '다음 날'로 띄어 쓰면 바로 그다음 날이 되긴 하지만, 이렇게 되면 '3음절짜리 한 단어'가 아니기 때문에 역시 답은 아니다. 어쨌거나, 붙여 쓰면 뜻이 달라진다는 걸 알았다면 저런 대답은 하지 않았을 것이다.(정답은 '이튿날'이었다.) '겨우 그깟' 띄어쓰기를 몰라서 달인이 되지 못한 이 도전자는 상금 3000만 원도 놓치고 말았다.

¶
청소는 함께 하고, 기쁨은 함께한다
뜻이 달라지는 띄어쓰기

띄어쓰기를 도대체 왜, 무엇 때문에 해야 할까. 한글 맞춤법 제1장 총칙 제2항은 이렇게 돼 있다.

'문장의 각 단어는 띄어 씀을 원칙으로 한다.'

간단하지만, 이게 바로 띄어쓰기 원칙이자 정신이기도 하다. 즉, 각 단어를 띄어 쓰면 내용이 한눈에 들어와 뜻을 쉽게 알 수 있기 때문이다. 실제로, 조선 시대 서간이나 한글소설을 읽을 때 가장 힘들게 하는 게 바로 띄어쓰기를 하지 않아 빽빽한 글자들이다. 굳이 옛날이야기 할 것 없이 요즘 벌어지는 실례를 보자.

① 올레 10코스는 화순금 모래해변에서 시작해 산방산, 송악산을 지나 대정읍 하모까지 이어진다.

멀쩡하게 생긴 이 문장은 띄어쓰기 한 번 잘못해서 영 엉터리가 돼 버린 사례다. '화순금 모래해변'이 '화순 금모래 해변'의 잘못이었던 것.

② 날이 따뜻해지면 (종종 걸음/종종걸음)을 멈추게 된다.

이 문장 역시 띄어쓰기 때문에 뜻이 달라질 수 있는 예. '종종 걸음'이면 가끔 걸음을 멈춘다는 뜻이지만, '종종걸음'으로 붙이면 급하게 걷지 않는다는 뜻이 된다.

그나마 이런 띄어쓰기는 조금만 더 생각하고 주의를 기울이면 구별하지 못할 것도 없다. 하지만 자세히 들여다보지 않으면 구별하기 힘든 것들이 있어 머리가 지끈거린다.

③ 지진 때문에 죽은 사람이 몇 십 명이냐?
④ 지진 때문에 몇십 명이나 죽었다.

여기선 왜 '몇 십/몇십'으로 띄어쓰기가 달라질까. 이유는, '몇'의 품사가 다르기 때문이다. 의문문(③)에 쓰인 건 관형사, 평서문(④)에 쓰인 건 수사. 그러니 관형사는 '몇 십'으로 띄어 쓰고, 수사는 '이십, 삼십'과 마찬가지로 '몇십'으로 쓰는 것.

⑤ 미래를 함께하다.
⑥ 공부를 함께 하다.

여기선 또 왜 '함께하다/함께 하다'로 띄어쓰기가 달라질까. 국어사전을 봐도 띄어쓰기가 왜 달라지는지 한눈에 알기 어려운 형편인데, '뜻이 통하면 띄어 쓰고, 말이 안 되면 붙여 쓴다'

고 생각하면 쉽다.

즉 '우리는 먼 항해를 함께 하는 동료들이다'는 '우리는 함께 먼 항해를 하는 동료들이다'로 써도 어색하지 않으므로 띄어 쓰면 된다. 반면 '그 자리에 모인 모든 사람은 뜻을 함께했다'라는 문장은 '그 자리에 모인 모든 사람은 함께 뜻을 했다'로 바꾸면 어색하므로 붙여 써야 하는 것. 그래서, 청소는 함께 해야 하고, 기쁨은 함께해야 하는 것이다.

좋은 문장을 쓰고 싶다면

친하면 붙여 쓴다

¶

글자 하나하나에 일정한 뜻이 들어 있는 한자어는 언어 특성상 붙임성이 좋다. '남녀(男女), 동서남북(東西南北), 부모(父母), 일월(日月), 주야(晝夜)'처럼 비슷하거나 정반대인 말들도 척척 붙어서 새로운 낱말을 이룬다. 게다가 단음절이 아니더라도 '수출입, 출퇴근'처럼 어렵지 않게 한 단어가 된다.

반면 순우리말은 뜻글자가 아니어서 '접착력'이 좀 떨어진다. 그래서 '마소(말과 소), 밤낮, 앞뒤' 정도는 한 단어로 인식하는 데 큰 어려움이 없지만, '손발, 아침저녁, 여기저기, 위아래' 정도만 돼도 이게 과연 한 단어인가, 정말 붙여 써야 하나, 헷갈린다.

'곧이곧대로, 대문짝만하다, 벅차오르다, 보잘것없다, 본체만체하다, 얼토당토않다, 온데간데없다, 올여름, 지난겨울, 큰코다치다'쯤 되면 아주 고차방정식이라 할 정도. 그래도 어려워할 건 없다. 자주 쓰이거나 친근성이 있는 것들은 저희끼리 어울리기 때문에 그러려니 하면 된다.

그러고 보면 띄어쓰기는 결국 '단어끼리 얼마나 친한가'를 따지는 일이다. 비슷한 꼴이지만 '풀이름/나무 이름, 꽃 이름'이나 '검은깨, 검은돈, 검은손, 검은콩/검은 마음, 검은 머리'로 띄어쓰기가 달라지는 이유는 단 하나, '친근성'이다. 뭐가 이래! 싶겠지만, 같은 교실이나 사무실에서도 끼리끼리 친하게 지내는 무리가 있는 것과 마찬가지랄까. 다만, 사이가 멀어졌다고 다시 각각의 단어로 갈라서지는 않는 게, 사람과 다르다면 다른 점이다.

"신분제를 공고화시켜야 한다고 생각한다. 99%인 민중은 개·돼지로 보고 먹고살게만 해 주면 된다. 구의역에서 컵라면도 못 먹고 죽은 아이가 내 자식처럼 가슴 아프다는 건 위선이다."

교육부 나향욱 정책기획관의 이런 발언 때문에 온 나라가 들썩거린 적이 있었다. 생각을 너무 솔직하게 말한 이 공무원은 뭐 그렇다 치고, 관련 보도를 보다 보면 눈에 걸리는 게 있다.

'개 · 돼지' '개돼지' '개, 돼지' '개 돼지'로 표현이 마구 엇갈리는 것.

개와 돼지를 아울러 이를 땐 '개돼지'로 써야 한다. '마소'와 마찬가지로 한 단어인 것. 한데, 붙여 쓰고 보니 묘하다. 1%에 들어가지 못하는 것들끼리는 뭉쳐야, 힘을 합쳐야 한다는 메시지가 보이는 듯해서….

좋은 문장을 쓰고 싶다면

띄어쓰기의 힘

〈양대 국책은행, '빈 껍데기' 혁신안 발표하고 '자리보전' 급급〉

이런 기사 제목, 알고 보면 아주 재미있다. 원래 의도는 '자리 지키기에 급급한 두 국책은행이 제대로 된 혁신안을 발표하지 않는다'였을 터. 하지만, '두 국책은행이 빈껍데기뿐인 혁신안을 발표하고는, 병이 들어서 자리를 깔고 누웠다'는 뜻이돼 버렸다. 〈표준국어대사전〉을 보자.

> **자리보전(--保全)** 병이 들어서 자리를 깔고 몸져누움.(그동안 응보는 여전히 병석에 자리보전을 하고 있었는데, 의원의 말로는 여름을 넘기기가 어려울 것 같다고 하였다.〈문순태, 타오르는 강〉….)

'자리보전'은 이런 뜻이어서, 꼭 쓰고 싶다면 '자리 보전'으로 띄우기라도 해야 했다. 반면 '빈 껍데기'는 붙여 써야 했고…. 사실 띄어쓰기는 글로 밥 벌어먹는 기자나 문필가들도 어려워하지만 뜻을 명확히 하기 위해, 혼란을 피하기 위해 필요한 것이니 익혀야 할밖에. '부산 시민은 한목소리로 원전 폐쇄를 외쳤다'라는 문장을 보자. '한목소리'의 사전 풀이가 '① 여럿이 함께 내는 하나의 목소리. ②같은 견해나 사상의 표현을 비유적으로 이르는 말'이므로 부산 시민은 여러 명이라는 소리다.

하지만 '한 목소리'로 띄어 쓰면 목소리가 하나이니 외치는 시민은 단 한 사람이라는 얘기가 된다. 띄어쓰기 하나에 사람 수가 이리저리 바뀌는 판인 것. 아래에서도 띄어쓰기의 힘을 알 수 있다.

① 친구를 잘못 사귀었다.
② 친구를 잘 못 사귀었다.

①은 잘못된 친구를 사귀었다는 뜻이고, ②는 친구를 사귀지 못했다는 뜻. 그러니 ①은 그래도 친구가 있지만, ②는 거의 혹은 아예 없다는 말이기도 하다. 띄어쓰기, 이거, 알면 알수록 좀 무섭지 아니한가.

최순실 국정농단 사태 때, 그 덕분에 그간 가려 있던 여러 가지가 드러났는데, 그 와중에 신문들의 우리말 실력도 알게 모르게 노출됐다. 특히 띄어쓰기. 아래 제목들을 보자.

〈'강제모금' 안종범 이어…'최순실 프리패스' 안봉근도 수사 선상〉

'수사선'은 한 단어이고, '-상'이라는 접미사도 굳이 필요하

좋은 문장을 쓰고 싶다면

지는 않으므로 '수사 선상'은 '수사선'이라야 했다.

〈"죽을 죄를 졌다"면 성실하게 수사 임해야〉

　여러 신문이 저렇게 '죽을 죄'로 썼는데, 잘못이다. '죽을죄'는 한 단어이므로 붙여 써야 한다.
　그러고 보면, 진짜 실력은 위기 때 드러난다는 말이 틀린 게 아니다.

¶
우리 친해질 수 있을까

올림픽을 볼 때마다 '금메달 지상주의'와 '과도한 국가주의'가 갈수록 옅어진다는 걸 새삼 느낀다. 우리 사회가 성숙해졌기 때문이기도 하겠지만, 올림픽과 스포츠 자체를 즐기려는 선수들의 자세 또한 큰 영향을 미쳤을 터. 그렇게 우리는 조금씩 앞으로 나아가고 있는 것이다.

'김현우는 태극기를 땅에 펼쳐두고 큰절을 올렸다. 그리고는 뜨거운 눈물을 흘렸다.'

이 정도가 국가주의(내셔널리즘)가 좀 드러난 기사 문장이랄까. 한데, 접속사 '그리고는'은 틀렸다. 왜 그런지 보자.

① 그는 열심히 공부했다. 그러나는 성적은 잘 나오지 않았다.
② 그는 커피를 마셨다. 그런데는 또 생각이 났다.
③ 그는 배가 고팠다. 그래서는 라면을 끓였다.

한눈에도 ① ② ③이 모두 어색해 보인다. '그러나는, 그런데는, 그래서는' 때문이다. 접속 부사 '그러나, 그런데, 그래서'에

조사(토씨) '는'을 붙였더니 생긴 일이다. 즉, 접속 부사에 '는'을 붙이면 안 된다는 걸 알 수 있는 것.('빵을 주머니에 넣었다가 다시 제자리에 놓았다. 그래서는 안 되겠다는 생각이 들었기 때문이다'라는 문장에서는 '그래서는'이 전혀 어색하지 않은데, 하는 생각이 들 수도 있겠다. 하지만 이 '그래서는'은 '접속 부사+토씨'꼴이 아니라 '그리하여서는'이 줄어든 말이다.)

하여튼 이런 까닭에 '그리고는'은 '그러고는'으로 고쳐 쓰는 게 좋다. 알고 보면 '그리고+는'이 아니라 '그러+고는'꼴인데, '그러-'는 '그리하다'의 준말인 '그러다'의 어간이고, '-고는'은 어미다. '그리하다'는 '앞에서 언급한 행위를 하다'라는 말.

'리우 올림픽 유도에 출전한 김민정과 이승수는 모두 상대의 ○○○ 걸기에 무릎을 꿇었다.'

위 문장에서 ○○○에 들어갈 말은 다음 중 무엇일까.
'밧다리/받다리/밭다리/바따리.'

이 기술은 자신의 오른쪽 다리로 상대의 오른쪽 다리를 걸어 넘긴다. 내 다리가 상대의 바깥쪽 다리를 걸게 되는 셈. 즉, '바깥다리 걸기'가 제 이름이다. 이걸 줄인 말은 '밭다리 걸기'이고. 〈표준국어대사전〉을 보자.

밭다리 씨름이나 유도 따위에서, 걸거나 후리는 상대의 바깥쪽 다리.

'밭-'은 '바깥'의 뜻을 더하는 접두사여서 '밭사돈/밭주인/밭쪽'처럼 쓰인다. '밭-'을 '바깥'이 줄어든 말이라 생각하면 '밧-'이나 '받-'으로 잘못 쓸 일은 없겠다.

문장 부호는 결코 가볍지 않다

'이 메일은 발신전용으로 회신하실 수 없습니다.'

어느 은행이 보낸 이메일에 실려 있는 이 문장, 대체 무슨 말일까. 발신전용으로는 회신할 수 없지만, 수신전용으로는 회신할 수 있다는 말은 아닐 테고…. 추측하건대, 이 메일은 발신전용이기 때문에 받은 사람이 회신할 수는 없다는 말일 터. 그렇다면, 이런 혼란과 의문은 쉼표 하나로 간단히 정리된다.

'이 메일은 발신전용으로, 회신하실 수 없습니다.'

쉼표 하나 아끼는 바람에 글이 어지러워진 것이다.(쉼표를 찍기 싫었다면, '발신전용으로'를 '발신전용이어서'로 고치는 것도 괜찮다.) 특히 은행이라면 문구 하나, 낱말 하나에도 더욱더 신경을 써야 할 터.

중요성을 느끼지 못하는 사람도 많지만, 문장 부호는 결코 가벼이 여겨선 안 된다. 조그마한 쉼표나 마침표 하나에 말뜻이 천양지차가 되기도 하고 완전히 뒤바뀌기도 하기 때문이다. 2015년 정부가 담뱃값을 올리자 누리꾼들이 박근혜 대통령의 공약 '증세 없는 복지'를 '증세. 없는 복지'라고 비틀었던 것도 문장 부호의 힘을 보여 주는 예가 된다.

'쉰 살의 나이에 돌아가신 장인어른의 다섯째 형님의 유골을 모셨다.'

어느 책에서 본 이 문장 역시 문장 부호를 아낀 바람에 혼란스럽다. 쉰 살에 돌아가신 분이 장인어른인지, 장인어른의 다섯째 형님인지 알 수가 없기 때문이다. 정리해 보자면, 이렇게 된다.

① 쉰 살의 나이에 돌아가신 장인어른의, 다섯째 형님의 유골을 모셨다.
② 쉰 살의 나이에 돌아가신, 장인어른의 다섯째 형님 유골을 모셨다.
③ 쉰 살의 나이에, 돌아가신 장인어른의 다섯째 형님의 유골을 모셨다.

먼저 ①. 이렇게 되면 장인어른이 쉰 살에 돌아가셨다는 얘기다. 한데, ②처럼 쉼표를 옮기면, 쉰 살에 돌아가신 분은 다섯째 형님이 된다. 장인어른의 생사는 불분명. 또 ③처럼 쉼표를 찍으면 내가 쉰 살이라는 말이 된다. 장인어른은 생사가 불분명하고 다섯째 형님은 돌아가신 상태.

이렇게, 비문이나 모호문이 순식간에 정리되는가 하면, 사람을 죽이거나 살리기도 하고, 나이를 당겼다 늦췄다 하기도 하는 판이니, 쉼표 하나, 문장 부호 하나의 힘이 대단함을 새삼 알겠다.

결국 모호문이나 중의문, 비문을 만들지 않으려면 문장 부호를 적절하게 쓰며 퇴고를 열심히 하는 수밖에 없다. 상대가 말을 잘 알아듣지 못하는 이유는 대부분 내게 있다는 생각으로….

그 사람이 그렇게 말하던가요?

큰따옴표 사용법

아래 신문 기사, 문장 부호가 제대로 쓰였는가 보자.

'A 씨는 경찰에서 "도로에 나무가 많이 쌓여 있는 것을 보고 화목 보일러 땔감으로 쓰려고 했다"고 말했다.'

별문제는 없어 보인다. 하지만, 실은 그렇지가 않다. 〈표준 국어대사전〉을 보자.

> **큰따옴표** 문장 부호의 하나. " "의 이름이다. 글 가운데서 직접 대화를 표시하거나 남의 말이나 글을 직접 인용할 때 에 쓴다.

여기서 신경을 써야 할 말은 '직접'이다. 그러니까 말한 그대로 인용을 해야 한다는 것이다. 그걸 생각하면서 다시 보면 어색한 점이 또렷이 드러난다. 즉, A 씨는 경찰에서 "쓰려고 했다"고 한 게 아니라 "쓰려고 했습니다"라고 했을 터. 아래 기사도 알고 보면 어색한 건 마찬가지다.

'문재인 대통령은 16일 미·중·일·러·EU에 파견되는 특사에게 "새 정부가 '피플파워'를 통해 출범한 정부라는 의미를 강조해 주고, 특히 이제는 정치적 정당성과 투명성이 굉장히 중요하게 됐음을 강조해 달라"고 주문했다.'

설마 문 대통령이 특사들에게 "강조해 달라"고 했을까. 아마도 "강조해 주십시오"라거나 "강조해 주시기 바랍니다"라고 했을 것이다.

결국, 언론의 저런 큰따옴표 사용은 편법이라는 걸 알 수 있다. 직접 인용이 아니지만, 그 사람이 했음 직한 부분을 드러내 주기 위해 큰따옴표를 찍었던 것. 그러다 보니 실수도 가끔 일어난다.

'강호동은 "김희선과 김태희, 전지현 중 누가 가장 이쁘냐"고 김희선에게 묻는다. 김희선은 짓궂은 질문에 당황하지 않고 "자신이 가장 예쁠 것"이라고 답하는 등 형님 멤버들에게도 주눅 들지 않는다.'

이 기사에선 김희선이 한 말이라고 큰따옴표를 찍어 놓고는 그 안에 있는 '자신'은 바꾸지 않고 그대로 놔두는 실수를 했다. "내가 가장 예쁠 것"이라고 하거나, 아예 큰따옴표를 지워야 했던 것. 아래 기사 역시 큰따옴표를 없애는 게 정답이다.

'(서울의료원)진료부장이었던 서모씨는… 병원 29곳의 명단까지 첨부한 뒤 "불가피한 진료 시 자신과 반드시 상의하라"는 말도 덧붙였다.'

그러고 보니 문장 부호를 쓸 때 한층 더 세심히 신경 써야 한다는 걸 새삼 알겠다. 그러기 싫다면 아예 문장 부호를 쓰지 말든지….

좋은 문장을 쓰고 싶다면

어학도 산수랑 다를 바 없지
모든 걸 포용하는 따옴표

아래 보기 가운데 줄임표를 바르게 쓴 것은?

① "죽도록 보고 싶지만……" 하고 그가 말했다.
② "죽도록 보고 싶지만…" 하고 그가 말했다.
③ "죽도록 보고 싶지만......" 하고 그가 말했다.
④ "죽도록 보고 싶지만..." 하고 그가 말했다.

답은, '모두 옳다'다. '설마!' '뭐 이래!' 싶겠지만 규정이 그러하다. 예전 원칙은 ①이었지만, 2015년 1월 1일부터 ② ③ ④도 쓸 수 있게 바뀌었다. 글쓰기 환경이 컴퓨터와 인터넷 중심으로 바뀐 현실을 받아들인 것이다.

현실 때문에 바뀐 건 또 있다. 예전에는 '온점(.) 물음표(?) 느낌표(!)'를 모두 '마침표'라 불렀다. 문장을 마치는 곳에 찍는 부호가 '마침표'인 건 너무나 당연한 일. 한데, 이 셋이 모두 마침표이기는 하지만, 이제는 '마침표'라 하면 온점만을 가리킬 수도 있게 됐다. 하도 많은 사람이 온점만을 마침표로 착각해 그렇게들 부르자, 결국 현실을 인정한 것.(그러니까 이제 마침표는 '.'의 이름이기도 하고, '. ? !'의 이름이자 통칭이기도 하다.)

'34.7%'.

한 신문이 어느 프로야구 선수의 연봉 인상률을 저렇게 썼다. 마침표를 작은따옴표 밖에다 찍는 저런 방식은 옳을까. 잘 모를 땐 대입을 해 보면 된다.(알고 보면, 어학도 수학(산수?)이랑 다를 바 없다.)

'34.7'?

온점 외의 '다른 마침표' 중에서 물음표를 넣으면 저렇게 된다. '또 다른 마침표'인 느낌표('34.7'!)를 넣어 봐도 어색한 건 마찬가지. 결국 마침표는 작은따옴표 안에 넣는 게 더 낫다는 걸 이처럼 눈으로 확인할 수 있다.

'34.7.' '34.7?' '34.7!'

마침표를 따옴표 안에 넣지 않아서 어색한 현상은 큰따옴표를 쓸 때 더욱 도드라진다. 이렇게 우스꽝스러워지기 때문이다.

"어제 왜 전화했어? 무슨 일 있는 건 아니지"?

'한글맞춤법 부록'의 작은따옴표 보기글도 마침표는 따옴표 안에 넣는다는 걸 보여 준다.

'그는 "여러분! '시작이 반이다.'라는 말 들어 보셨죠?"라고 말하며 강연을 시작했다.'

이걸 밖에다 찍으면 이렇게 이상하게 된다.

'그는 "여러분! '시작이 반이다'.라는 말 들어 보셨죠"?라고 말하며 강연을 시작했다.'

결국, '강조하거나 인용하려면 '느낌'이나 '의문'까지 고스란히'라는 말이 된다. 알고 보면 따옴표는 모든 걸 포용하는 문장 부호인 것이다.

¶

문장 부호도 덜수록 좋다

'유교 경전인 '논어', '맹자', '중용', '대학'을 통틀어서 사서라 한다.'

이 문장, 좀 껄끄러워 보인다. 문장 부호가 너무 많아서 그렇다. "논어', '맹자', '중용', '대학"에서 쉼표만 빼더라도 좀 나았을 것이다. 물론 '논어, 맹자, 중용, 대학'이나 '논어 맹자 중용 대학'으로 함께 묶었으면 훨씬 더 좋았을 터.

문장 부호는 글에서 문장의 구조를 드러내거나 글쓴이의 의도를 전달하기 위해 쓰는 부호다. 한데, 그러려고 쓴 문장 부호가 되레 글을 복잡하게 만든다면, 존재 이유를 스스로 허무는 셈이 될 터. 그러니, 될 수 있는 한 문장 부호를 덜 쓰는 것도 방법일 수 있겠다. 그러자면 정성 들여 퇴고를 하고, 우리말 공부도 열심히 해야겠지만….

언젠가부터 부산지역 택시들이 이런 문구를 붙이고 다닌다.

'비상등이 켜지면 승객이 승·하차합니다.'

한데, '승·하차'는 가운뎃점 없이 '승하차'라야 했다. 〈표준국어대사전〉을 보자.

승하차(乘下車) 차를 타거나 차에서 내림.

'승차'와 '하차'가 아주 긴밀해져서 한 단어로 굳은 것이다.
아래는 한 몸이 돼 이제는 가운뎃점이 필요 없는 말들.

'공사립 국공립 국공유지 국내외 남녀 남북 남북극 남북한 내외국
내외신 냉난방 노사 노사정 노소 당정 대내외 대소 동서반구 동서
양 동서쪽 동식물 민관 민관군 민형사 봄가을 상중하 상하 상하수
도 선후배 손발 손발톱 송수신 수출입 시군 시도 신구 아래위 앞뒤
여야 영호남 위아래 유무죄 유불리 이착륙 인허가 임직원 입출고
입출금 입출력 자모음 장단점 장사병 장차관 전후 전후방 조부모
좌우 좌우승지 좌우편 주정차 중경상 중고생 중소기업 중소형 중
장거리 직간접 직간접적 찬반 책걸상 청장년 총칼 출입국 출입금
출퇴근 판검사 팔다리.'

¶
사람도 말도 쉴 때는 쉬어야지
작지만 소중한 쉼표

'좁쌀영감'은 사람을 비유적으로 이르는 말. 좀스러운 사람을 작은 좁쌀에 비긴, 아주 뛰어난 비유라 할 만하다. 좁쌀을 활용한 사자성어로는 '창해일속(滄海一粟)'이 있다. '넓고 큰 바닷속의 좁쌀 한 알이라는 뜻으로, 아주 많거나 넓은 것 가운데 있는 매우 하찮고 작은 것을 이르는 말'이다. 하지만 세상일은 작으면 작은 대로, 크면 큰 대로 어우러져야 하는 법. 작고 하찮다고 깔보다가 큰코다치는 일이 있으니 조심할 일이다. 글쓰기에서 보자면 쉼표가 바로 좁쌀이 될 터. 아주 작고 하찮아 보여서, 쉽게 찍거나 없앨 수도 있다. 하지만, 쉼표 하나 있거나 없어서 뜻이 정반대가 돼 버리는 일은 드물지 않다.

'빌보드 2위라는 기록적인 결과에도 불구하고, 싸이는 한 번도 갖지 못한 미국 주요 시상식의 트로피를 방탄소년단은 두 번 연속 차지했다.'

이 기사는 2012년 빌보드 2위를 기록한 싸이도 받지 못한 트로피를 방탄소년단이 받았다는 걸 강조하려고 했다. 하나, '불구하고' 뒤에 쉼표를 찍는 바람에 전혀 다른 뜻이 됐다. 빌

좋은 문장을 쓰고 싶다면

보드 2위를 기록한 건 싸이가 아니라 방탄소년단이 되고 만 것. 쉼표를 지우면 의도했던 뜻으로 돌아간다.

'요즘의 봄은 SNS로부터 시작하는 것 같다. 다른 곳보다 먼저 핀 꽃 사진들이 여기저기 올라오면서 봄이 시작되었다. 부산에서도 유엔기념공원 안의 홍매화 사진 같은 다른 지역보다 먼저 피어나는 꽃 소식이 올라온다.'

이 글에서는 쉼표를 찍지 않아서 어색한 부분이 있다. '홍매화 사진 같은 다른 지역'이 바로 그 구절. '홍매화 사진 같은, 다른 지역'으로 쉼표를 찍으면 그나마 뜻이 통하게 된다.

'군대에는 공관병 외에도 당번병이나 전속 운전병과 통신병, 조리병 등 속칭 '따까리'로 불리는 고급 장교의 시중을 드는 것이 임무인 병사도 적지 않다.'

이 문장도 마찬가지. "따까리'로 불리는 고급 장교'를 보자면 고급 장교가 따까리가 된다. 하지만 그들의 시중을 드는 병사를 따까리라 하므로 "따까리'로 불리는' 뒤에 쉼표를 찍어야 했다. 아래 문장에서도 '색깔론에 근거한, 민생'이라야 오해의 소지를 없앨 수 있다.

''나라를 통째로 넘기시겠습니까'라는 당의 슬로건은 색깔론에 근거한 민생과 동떨어진 것이라는 지적이 봇물처럼 나오고 있다.'

바로 다음 말과 직접적인 관계에 있지 않을 때는 쉼표를 찍어 호흡을 쉬어야 한다. 사람도 쉴 때는 쉬어야 하는 것처럼….

묶음표, 어디까지 알고 있니?

우리말에는 '묶음표'라는 문장 부호가 있다. '그게 뭐야' 싶겠지만, 다들 알고, 많이들 쓰는 이런 것들이다.

( ){ }[ ]

이 셋의 이름은 '소괄호, 중괄호, 대괄호'. 이 가운데 우리가 가장 많이 쓰는 소괄호는 원어, 연대, 주석, 설명 등을 넣을 적에 쓴다. 한글맞춤법에 나온 보기다.

'커피(coffee)는 기호 식품이다.'
'3·1운동(1919) 당시 나는 중학생이었다.'
''무정(無情)'은 춘원(6·25 때 납북)의 작품이다.'

중괄호는 여러 단위를 동등하게 묶어서 보일 때 쓴다.

'주격 조사{이/가}/국가의 3요소{국토/국민/주권}'

대괄호는 묶음표 안의 말이 바깥 말과 음이 다를 때나, 묶음표 안에 묶음표가 있을 때 쓴다.

'나이[年歲]/낱말[單語]/명령에 있어서의 불확실[단호(斷乎)하지 못함]은 불확실[모호(模糊)함]을 낳는다.'

이러니 '믿을 신(信)이란 글자는 그 자체로 '사람(人)의 말(言)'이다'라는 문장은 이래야 했다.

'믿을 신(信)이란 글자는 그 자체로 '사람[人]의 말[言]'이다.'

'각괄호'라고도 부르는 대괄호는, 알고 보면 의외로 쓰임새가 많다. 국립국어원이 펴낸 〈문장 부호 해설〉에서 보기를 보자.

① 낱말[word], 문장[sentence], 책[book], 독일[도이칠란트], 국제 연합[유엔]
② 자유 무역 협정[FTA]/에프티에이(FTA)
③ 국제 연합 교육 과학 문화 기구[UNESCO]/유네스코(UNESCO)
④ 국제 연합[United Nations]/유엔(United Nations)

즉, '나이[年歲], 낱말[單語]'처럼 고유어에 대응하는 한자어를 나타낼 때뿐만 아니라, 고유어·한자어에 대응하는 외래어·외국어 표기임을 나타낼 때도 이 규정을 준용하여 대괄호를 쓴다. ②~④에 나온 '자유 무역 협정[FTA], 국제 연합 교

좋은 문장을 쓰고 싶다면

육 과학 문화 기구[UNESCO], 국제 연합[United Nations]'처럼, 한자말과 마찬가지로 괄호 안팎 음이 다르면 대괄호를 써야 하는 것. 하지만 현실은, 대개 대괄호 대신 소괄호로 뭉치는 편인데, 신문들도 예외가 아니다.

'제자백가 중 하나인 공손룡(公孫龍)은 "백마는 말[馬]이 아니다"고 했다.'

교열을 하는데, 원고에 이런 구절이 보인다. 순간, 마음이 한없이 편안해진다. 문장 부호를 이 정도로 잘 아는 이의 글이라면 그리 손볼 게 없을 것이기 때문이다. 교열기자가 마주하는 소소한 즐거움이다.

교열기자의 속사정 2

교열 작업이 힘든 이유는, 자기 글에 손대는 걸 좋아하는 사람은 없기 때문이다. 그러니 교열기자는 '잘해야 본전'일 뿐인, 이문이 남지 않는 직업이다. 하지만 현명한 이들은 교열기자를 이용할 줄 안다. 어차피 신문사에서 남의 글을 다듬고 고치는 데 전문가인 교열기자를 두는 바에야, 그 능력을 활용할 필요가 있는 것이다.

가끔 '내 글에 손대지 말라'는 필자를 만난다. 글자 한 자라도 고치려면 허락을 받으라는 것. 자부심이나 자기애가 너무 강한 탓이리라. 하지만 저런 말이 신문사와 교열기자의 자부심에 상처를 준다는 건 모르는 모양이다. 어느 곳에나 일하는 원칙이 있고 질서가 있는 법인데, 저런 필자는 신문사의 제작 공정을 무시하는 셈이다. 수십 년간 남의 글을 바로잡고 문장을 다듬어 온 전문가들에게 '너는 네 일을 하지 말라'니….

한데 재미있는 건, 저러는 사람 치고 글이 좋은 경우는 별로 없더라는 것. 반면, 교열기자와 적극적으로 의논하고 의견을 받아들이는 사람들 글은 대체로 괜찮다는 것도 묘

좋은 문장을 쓰고 싶다면

하다. 다른 조직의 룰, 다른 사람의 직무를 존중하는 사람이라면 배려심에다 겸손함, 유연성까지 갖춘 셈이어서 글마저 좋은 게 아닐까, 추측을 한다.

교열기자의 숨은 업무 중에는 '전화 받기'가 있다. 아주 고난도 업무다. 언젠가 나이 지긋한 독자께서 "'그저께'의 준말은 '그제'가 아닌데 왜 부산일보는 자꾸만 쓰느냐"고 전화를 하셨다. 국립국어원이 펴낸 〈표준국어대사전〉에 '그제는 그저께의 준말'로 나와 있다고 해도, "내가 갖고 있는 사전엔 안 그렇다. 내기할 테냐"며 막무가내….

실제로 그런 사전이 있나 싶어 찾아봤지만, 보지 못했다. 요즘 사전들뿐만 아니라 한글학회 〈큰 사전〉(1957), 중국 연변사회과학원이 펴낸 〈조선말사전〉(1992), 북한에서 펴낸 〈현대조선말사전〉(1981)에도 그제는 그저께의 준말로 올라 있었다.

사전 열심히 찾아보라는 말씀이겠지…, 여겼다. 살아가다 보면 도처에 가르침이 있고, 스승이 있다. 배움엔 끝이 없는 것이다.

¶

언어생활이란 게 비스름하게 생긴 걸 어림짐작으로 쓰는 건 아니므로,
'비슷한 그 무엇'은 별 의미가 없다. 헷갈리는 말들을 정확하게 가려
써야 소통도 제대로 할 수 있는 것. 한데, 그렇다면, 말이 안 통한다고
답답해하기 전에, 과연 내가 쓰는 말은 정확한지, 한번 돌아볼 필요도
있겠다.

3장

문	장	의		의	미	를			
헷	갈	리	게		하	는		말	들

¶

'몇 일'은 없는 말

'마라도나는 불과 몇 일 전 동양인 차별적인 제스처로 구설수에 오른 바 있다.'

이 문장에서 '몇 일'은 틀렸다. '며칠'로 써야 하기 때문. 간혹 "'며칠'은 기간을 표기할 때 쓰는 것이고, '몇 일'은 특정 날짜를 표기하는 것 아닌가요" 하는 분이 있다. 하지만 그런 궁금증은 사전을 찾아보면 바로 풀린다.(제발 사전 좀….) 〈표준국어대사전〉을 보자.

> **며칠** ① 그달의 몇째 되는 날.(오늘이 며칠이지?) ② 몇 날.(그는 며칠 동안 도대체 아무 말이 없었다./이 일은 며칠이나 걸리겠니?/…) ※'몇 일'로 적는 경우는 없다. 항상 '며칠'로 적는다.

국립국어원도 걱정이 됐는지 '몇 일'로 적는 일 없이 항상 '며칠'로 적는다고 설명을 덧붙여 놓았다. 이걸 좀 더 문법적으로 풀어 보자면 이렇다. 아래는 한글 맞춤법 제27항 '붙임 2'.

'어원이 분명하지 아니한 것은 원형을 밝히어 적지 아니한
다./골병 골탕 끌탕 며칠 아재비 오라비 업신여기다 부리나
케.'

이 '며칠'에 대해 '한글맞춤법 해설'은 이렇게 설명한다.

'며칠'은 '몇-일(日)'로 분석하기 어려운 것이니, 실질 형태
소인 '몇'과 '일(日)'이 결합한 형태라면 [면닐]로 발음되어
야 하는데, 형식 형태소인 접미사나 어미, 조사가 결합하는
형식에서와 마찬가지로 'ㅊ'받침이 내리 이어져 [며칠]로
발음된다.

즉, '몇 년[면년]' '몇 월[며뒬]'로 발음되므로 '몇 일'도 [면
닐]이나 [며딜]로 발음되어야 한다. 하지만, [며칠]로 발음되
므로 이 말은 '몇+일'이라는 구조로 이뤄진 게 아니라는 것. 바
꿔 말하자면, '몇+일'이 [며칠]이면, '몇+월'은 [며췰]이라야 한
다는 얘기다.
이처럼, '으레 그럴 것'이라는 생각은 곧잘 실수를 부른다.
아래는 〈기자협회보〉에 실린 기사.

'8년간 연재한 것으로도 이 칼럼에 대한 독자 반응을 지레짐작할
수 있다.'

좋은 문장을 쓰고 싶다면

어느 신문에 연재 중인 고정물에 관한 내용인데, '지레짐작' 이 어색하다. 표준사전을 보자.

지레짐작 어떤 일이 일어나기 전 또는 어떤 기회나 때가 무르익기 전에 확실하지 않은 것을 성급하게 미리 하는 짐 작.(지레짐작으로 눈치채다./알고 보니 그 상처는 별것 아니에요, 괜히 지레짐작으로 겁만 잔뜩 집어먹고 있었단 말이에요.〈김인배, 방울뱀〉)

그러니, 저 '지레짐작'은 '미루어 짐작'쯤이면 좋았을 터.

¶

막걸리를 들이켜다

들이키다?/들이켜다!

'대학생 시절 시장 구석빼기에서 공짜 시락국에 막걸리 한 잔 들이
키던 시절이 있었다.'

어느 신문에서 본 글인데, 저런 시절을 그리워할 것까진 없
겠다. 막걸리도 한잔 못 마시던 시절이 뭐 그리 좋았다고⋯.
아니, 막걸리를 '들이키던'이라 하지 않았느냐고? 그러니까,
'들이키던'이라고 했으니까, 술을 제대로 못 마셨다는 얘기다.
이게 무슨 말인지 당최 모르겠다는 사람은, 사실은, '들이키
다'라는 우리말이 무슨 뜻인지 모른다는 고백을 하는 중이다.
〈표준국어대사전〉을 보자.

> **들이키다** 안쪽으로 가까이 옮기다.(사람이 다닐 수 있도록 발
> 을 들이켜라.) 「반대말」 내키다.

이제 이해가 되실 터. '들이키다'는 '마시다'가 아니라 안으
로 당긴다는 말인 것. '비 안 맞게 신발 좀 툇마루 밑으로 들이
킬래?'처럼 쓴다. 막걸리를 마신다는 뜻이라면 이 말을 써야

한다.

> **들이켜다** ① 물이나 술 따위의 액체를 단숨에 마구 마시다.(그는 목이 마르다며 물을 벌컥벌컥 들이켰다./잘도 못하는 술을 벌컥벌컥 몇 잔 거푸 들이켜고 나서 나는 볼품없이 남들보다 앞질러 취해 버렸다.〈윤흥길, 제식 훈련 변천 약사〉/질척한 부엌 바닥이 마땅치 않아 애꿎은 냉수만 한 쪽박 벌컥벌컥 들이켜고는 부엌을 나왔다.〈박완서, 미망〉) ② 공기나 숨 따위를 몹시 세차게 들이마시다.(가끔 도시가 답답하면 시골로 가 가슴을 열고 맑고 시원한 공기를 들이켜기도 한다…)

표준사전 뜻풀이에서 보듯이 '들이켜다'라야 막걸리를 벌컥벌컥 마신다는 얘기가 되는 것. 저렇게, 비슷하게 생겨서 헷갈리는 말로는 '비껴가다/비켜 가다'도 빼놓을 수 없다.

'태풍이 살짝 비켜 간 부산의 하늘은 맑게 갰지만, 습도가 높아 무더위가 이어질 것으로 보인다.'

이 문장에서 '비켜 가다'는 제대로 쓰인 걸까. '비키다'는 '무엇을 피하여 방향을 조금 바꾸다'라는 뜻. 해서, 주체가 어떤 의도·의지를 가지는 경우에만 쓸 수 있다. '그가 전봇대를 살짝 비켜 갔다'는 괜찮아도 '축구공이 골대를 살짝 비켜 갔다'는 안 된다는 얘기다. 한데 태풍은 어떤 의도를 가진 주체가 아니니 저렇게 쓸 수 없는 것. 다시 표준사전을 보자.

비껴가다 ① 비스듬히 스쳐 지나다.(감방의 천지에 매달린 듯 한 봉창에 하루의 마지막 햇살이 비껴가는 것이 보였다. 〈문순태, 타오르는 강〉/각도는 좋았으나 공은 골대를 살짝 비껴갔다.) ② 어떤 감정, 표정, 모습 따위가 얼굴에 잠깐 스쳐 지나가다….

이러니 태풍은 '살짝 비껴갔다'라야 했던 것.

게서 걔를 볼 줄이야

게/걔, 뵈/봬

'왜 이 어여쁘고 정감 가는 곳을 몰랐던가, 반성도 된다. 살면서 줄잡아 열 번은 넘게 들렀을 중림동 약현 성당만 해도 그렇다. 걔서 남대문이 그토록 가까이 보일 줄이야.'

KBS1 도시 기행 다큐멘터리 '김영철의 동네 한 바퀴'를 소개한 기사다. 한데, '걔'가 생뚱맞다. 〈표준국어대사전〉을 보자.

걔 '그 아이'가 줄어든 말.(걔도 너처럼 이 꽃을 좋아하니?/화가가 되는 게 걔 소원이다.)

이처럼 '걔'는 사람을 가리키는 말이다. 비슷한 꼴로는 '이 아이'가 줄어든 '얘', '저 아이'가 줄어든 '쟤'가 있다. 저 기사에 어울리는 말은 '게'다. 표준사전을 보자.

게 ① '거기(1)'의 준말.(오늘은 시간이 너무 늦었으니 게서 자고 내일 아침 일찍 오너라.) ② '거기(2)'의 준말.(지금 신촌에 가겠다니, 게가 어디라고 이렇게 늦은 밤에 너 혼자 간단 말이냐?) ③ '거기(3)'의 준말.(이 일에 대해서 게는 어떻게 생각해?)

거기(1): 듣는 이에게 가까운 곳을 가리키는 지시 대명사.

거기(2): 앞에서 이미 이야기한 곳을 가리키는 지시 대명사.

거기(3): 듣는 이를 조금 낮잡아 이르는 이인칭 대명사.

그러니, 중림동 약현성당을 가리키는 대명사는 '게②'가 될 터. 사실 조금만 신경 쓰면 줄임말은 전혀 어려울 게 없다. 아래는 인터넷에서 본, 퇴계 이황의 시조 「도산십이곡」 가운데 아홉 번째 연.

'고인도 날 못 보고 나도 고인 못 뵈

고인을 못 뵈도 예던 길 앞에 있네

예던 길 앞에 있으니 아니 예고 어쩔꼬.'

한데 '못 뵈, 못 뵈도'는 잘못이다. '뵈다'는 '웃어른을 대하여 보다'라는 뜻. 활용을 하면 '뵈어-뵈어서-뵈었다-뵈었습니다'가 된다. 이 활용꼴은 '봬-봬서-뵀다-뵀습니다'로 줄일 수 있다. 그러니 시조에 나온 '못 뵈'는 '못 뵈어, 못 봬'로 써야 하

좋은 문장을 쓰고 싶다면

는 것.

사실 '밥 먹어/춤을 못 춰/그 사람을 못 봐'를 '밥 먹/춤을 못 추/그 사람을 못 보'라고 쓸 사람이 없듯이, 용언은 어간에 어미가 붙어 활용된다는 걸 모르는 사람은 없을 터. 그러니 '봬'를 어미 없이 '뵈'로 쓴다는 건 말이 안 되는 셈이다. '이래 뵈도'가 아니라 '이래 봬도'라야 하는 걸 설명할 필요가 없는 것도 같은 이유.

〈특검 수사 옥죄오자 도덕적 내상·자괴감 겹쳐 극단적 선택〉

노회찬 의원의 죽음을 다룬 어느 신문 제목인데, 뭐가 잘못됐는지가 눈에 들어오는지….

¶
단추를 꿰면 단추 목걸이

두텁다/두껍다, 꿰다/끼우다

'고기 국물의 두터운 맛에 동치미 국물의 희미한 단맛과 신맛이 숨겨져 있었다.'

어느 신문에서 본 문장인데, 잘못이 있다. 아래는 『산사의 주련』이라는 책에 나오는 구절.

'두터운 구름 너머에서 날이 저문다.'

이러면, 뭐가 잘못인지 알아챌 터. 〈표준국어대사전〉을 보자.

> **두텁다** 신의, 믿음, 관계, 인정 따위가 굳고 깊다.(두터운 은혜./신앙이 두텁다./친분이 두텁다./정이 두텁다./두터운 교분을 유지하다.)

신의, 믿음, 관계, 인정 따위가 굳고 깊다는 얘기는, 따지고 보면 사람 마음에만 이 말을 쓴다는 얘기다. 반면 '맛, 구름'에는 '두껍다'를 써야 한다. 표준사전을 보자.

좋은 문장을 쓰고 싶다면

두껍다 ① 두께가 보통의 정도보다 크다.(두꺼운 이불./두꺼운 책./두꺼운 입술./추워서 옷을 두껍게 입었다.) ② 층을 이루는 사물의 높이나 집단의 규모가 보통의 정도보다 크다.(고객층이 두껍다./지지층이 두껍다.) ③ 어둠이나 안개, 그늘 따위가 짙다.(두꺼운 그늘./안개가 두껍게 깔렸다./어둠이 대지 위에 두껍게 깔려 있었다.〈박영한, 머나먼 송바강〉/나무 밑은 그늘도 훨씬 두꺼웠고 강바람도 시원했다.〈문순태, 타오르는 강〉)

흔히, 바둑에서도 '세력이 두텁다'는 식으로 쓴다. 거의 전문 용어 취급을 받기 때문에 저렇게 쓰는 신문도 있다. 하지만 허용되지 않는다.

시루떡의 하나로 '찹쌀가루를 꿀이나 설탕에 반죽한 후에, 귤병과 대추로 소를 박고 꿀팥을 두둑하게 뿌려 가며 켜켜이 안쳐서 찐 것을 네모나게 썬' 떡인 '두텁떡(후병·厚餠)'은 굳은 말이라서 그냥 쓴다.

비슷하게 생겨서 헷갈리는 말로는 '끼우다/꿰다'도 있다. 아래는 어느 신문 제목.

〈길 잃은 트럼프·김정은, 첫 단추부터 다시 꿰라〉

하지만 '꿰라'는 '끼워라'라야 했다. 표준사전을 보자.

꿰다 ① 실이나 끈 따위를 구멍이나 틈의 한쪽에 넣어 다른 쪽으로 내다.(실을 바늘에 꿰다…)…. ② 어떤 물체를 꼬챙이 따위에 맞뚫려 꽂히게 하다.(낚은 고기를 꿰미에 꿰다./곶감을 꼬챙이에 꿰다./…)….

꿴다는 건, 쉽게 말해 관통시킨다는 얘기다. 이를테면, 진주를 실에 꿰면 진주 목걸이가 된다. 그러니, 단추를 실에 꿰면 단추 목걸이가 될 터. 단추는 단춧구멍에 '끼워야' 한다. 첫 단추든, 마지막 단추든….

위조 주민등록증

위조/변조, 올챙이/유생

'청소년들은 불법으로 위조한 타인의 주민등록증으로 담배와 주류를 구입하거나 술집과 클럽 등에서 쓰고 있어 위조주민등록증 사용에 대한 홍보가 절실하다.'

이 문장, 뭔가 어색하지 않은가. 말이 안 되는 구절은 '위조한 타인의 주민등록증'이다. 다른 사람의 주민등록증을 몰래 고쳤다면 위조가 아니기 때문. 〈표준국어대사전〉을 보자.

위조(僞造) 어떤 물건을 속일 목적으로 꾸며 진짜처럼 만듦.

없던 물건을 만드는 건 위조지만, 이미 있는 걸 바꾸는 건 위조가 아니다. '변조'다. 다시 표준사전을 보자.

변조(變造) ① 이미 이루어진 물체 따위를 다른 모양이나 다른 물건으로 바꾸어 만듦. ② 권한 없이 기존물의 형상이나 내용에 변경을 가하는 일.

이러니 '위조주민등록증'은 '변조 주민등록증'일 확률이 높다. 비슷한 말을 구별하지 못하고 쓴 사례다.

'따스한 봄바람이 솔솔 부는 18일 오전 서울 용산구 효창공원의 연못 속에 갓 부화한 두꺼비 올챙이떼가 나뭇가지 밑에 옹기종기 모여 있다.'

여기선 '두꺼비 올챙이떼'가 말이 안 된다.

> **올챙이** 개구리의 유생. 몸통은 둥글며, 꼬리가 있다. 꼬리로 물속을 헤엄쳐 다니는데 자라면서 꼬리가 없어지고 네 다리가 생겨 개구리가 된다.

표준사전을 보자면, 올챙이는 개구리 어린 것만 가리킨다는 것. 두꺼비 어린 것은 '유생'이라 부르면 된다. 표준사전을 보자.

> **유생(幼生)** 변태하는 동물의 어린 것. 배(胚)와 성체의 중간 시기로, 독립된 생활을 영위하며 성체와는 현저하게 다른 모양과 습성을 가진다. 곤충에서는 애벌레라고 하며, 개구리에 대한 올챙이 따위가 있다.

아래는 어느 신문 기사 구절.

"…제출 받은 자료에 따르면 김 전 대변인의 2층 상가 건물에는 상가 10개가 입주 가능한 것으로 돼 있고 이를 근거로 월 525만원의 임대료 수입이 산정됐다."

의문은 두 가지다. 2층 상가 건물은 얼마나 크기에 상가가 10개나 입주할 수 있을까. 또, 상가가 10개나 되는데 월 임대료가 왜 525만 원밖에 되지 않을까. 이 궁금증이 이해가 되지 않는다면, 표준사전을 보자.

상가(商街) 상점들이 죽 늘어서 있는 거리.

쉽게 말해 상가는 상점가, 즉 상점이 죽 늘어선 거리를 가리킨다. 그러고 보면, 저 기사에서는 '상점, 가게, 점포'로 써야 할 것을 '상가'로 썼던 것. 책을 도서관이라 한 셈이다.
정신 바짝 차리지 않으면, 자기가 지금 무슨 말을 하는지도 모르는 삶을 살게 된다. 하긴 어디, 말뿐이랴.

새빨갛거나 시뻘겋거나

'세월호 유가족의 이야기를 그린 영화 '생일'을 본 관객 열에 아홉은 눈이 시뻘개져서 영화관을 나섰다.'

이 문장에서 이상한 표현을 찾지 못했다면 '얼굴이 시퍼래진 동네 사람 몇이 회관으로 달려왔다'라는 문장에서도 마찬가지일 터. 힌트는 모음조화다. 틀린 말은 '시뻘개져서'와 '시퍼래진'인데, 비슷한 말인 '시뻘겋다, 시퍼렇다'를 활용해 보면 얼추 이해가 된다.

> 시뻘겋다-시뻘건-시뻘겋고-시뻘게
> (새빨갛다-새빨간-새빨갛고-새빨개)
> 시퍼렇다-시퍼런-시퍼렇고-시퍼레
> (새파랗다-새파란-새파랗고-새파래)

이러니 '시뻘개지다, 시퍼래지다'라는 말은 있을 수가 없다. '시뻘게지다/새빨개지다, 시퍼레지다/새파래지다'인 것. 아래 시에서 보듯이 '시퍼래지고'가 아니라 '시퍼레지고', '벌개지며'

가 아니라 '벌게지며'라야 한다.

'…시들지 않은 마음은 하염없이
뻗쳐오르고 시퍼레지고 벌게지며
이렇게 푸드덕거리며 기세등등할까…'(조향미「이 가을」)

여기서 비밀 하나. 모음조화는, 사실 알고 보면, 서로 다른 여러 모음이 조화롭게 옹기종기 어울리는 게 아니다. 양성 모음은 양성 모음끼리, 음성 모음은 음성 모음끼리, '끼리끼리' 어울리는 현상인 것.

4월 16일. 선장과 선원들은 도망가고, 나라는 구조에 손을 놓아 300명이 넘는 생때같은 목숨이 스러진 세월호 참사가 일어난 날. 어느 해 4월 16일 자유한국당 중진 정진석 의원이 '오늘 아침 받은 메세지(→메시지)'라며 "세월호 그만 좀 우려 먹으라 하세요. 죽은 애들이 불쌍하면 정말 이러면 안되는 거죠.. 이제 징글징글해요.."라고 페이스북에 올렸다. 내용에 관해서는, 뭐, 할 말이 없다. 다만, '징글징글하다'라는 말만 짚고 넘어가자. 아래는 〈표준국어대사전〉 뜻풀이.

징글징글하다 소름이 끼칠 정도로 몹시 흉하거나 끔찍하다.

보다시피, '징글징글하다'는 '징그럽다·지겹다'는 말이 아니라 흉하고 끔찍하다는 뜻. 그러니 뜻을 잘못 알고 썼으리라(고

믿는다). 물론 징그럽다 · 지겹다도 할 말은 아니지만…. 아래는 같은 당 차명진 전 의원이 같은 해 4월 15일 페이스북에 올린 글 가운데 한 구절.

'자식 시체 팔아 내 생계 챙기는 거까진 동시대를 사는 어버이의 어버이의 한 사람으로 나도 마음이 아프니 그냥 눈감아 줄 수는 있다.'

역시 내용은 넘어가자. '어버이의'를 두 번 쓴 것도 넘어가자. 이 글의 문제는, 한 문장에서 '내'와 '나'가 각각 다른 사람을 가리킨다는 것. '내'를 빼야 문장이 바로잡힌다. 같은 글에 나온 '쳐먹다, 쇄뇌, 의심스런'도 '쳐먹다, 세뇌, 의심스러운'이 옳다. 정당이 아무리 정치적인 주장이 같은 사람끼리 모인 단체라지만, 국어 실력마저 닮을 것까지야 없지 싶은데….

¶
원앙이냐, 잉꼬냐
일상에서 잘못 쓰는 말

(1) 숱한 종교단체가 한때 이름을 날리다가 내분을 겪고 명멸한 것과 달리, 룸비니는 60년 동안 이렇다 할 잡음이나 내분도 없었다.

(2) …(화폐는)굳이 비유를 들자면 밤하늘에 끊임없이 명멸하는 반딧불이나 강물 표면에 끝없이 소멸 생성하는 물거품에 더욱 가깝다.

(3) 정진우 감독의 〈초우〉와 김수용 감독의 〈안개〉 그리고 이만희 감독의 〈만추〉는 그(신성일)가 남긴 '60년대 3대 영화'로 영원히 명멸하고 있다.

기사 문장들인데, 여기 나온 '명멸'을 보면, (1)은 '사라지다' (2)는 '깜빡이다' (3)은 '빛나다'로 쓰였다. 한데, (3)은 좀 어색하고, (2)는 용례가 드물고, 실제로는 (1)처럼 많이들 쓴다. 자, 여기서 〈표준국어대사전〉을 보자.

명멸하다(明滅--) ① 불이 켜졌다 꺼졌다 하다.(차도 행인도 없는 네거리에서 신호등이 외롭게 명멸하고 있었다.〈이동하, 도시의 늪〉 네온이 명멸하는 거리의 확성기에서 노랫소리가 들려오고 있었다.〈최인호, 지구인〉) ② 먼 곳에 있는 것이 보였다 안 보였다 하다.(바다의 수평선 끝에 작은 섬이 명멸하고 있다.) ③ 나타났다 사라졌다 하다.

이러니, 많은 사람이 (1)처럼 쓰지만, 사실 정확한 표현은 (2)이다. 깜빡거린다는 뜻인 것. 어디, 우리가 일상에서 잘못 쓰는 말이 이뿐이랴. 다시 표준사전을 보자.

잉꼬부부(←inko[鸚哥]夫婦) 다정하고 금실이 좋은 부부를 비유적으로 이르는 말.

원래는 저기에다 "'원앙부부'로 순화'라는 뜻풀이가 더 있었다. 한데 이걸 삭제했다는 건 순화대상에서 벗어났다는 얘기고, 이제는 잉꼬부부를 써도 된다는 뜻이기도 하다. 순화어를 삭제한 이유는 잘 모르겠지만, 결과적으로 바람직한 일이기는 하다. 실제로 원앙은 부부 금실이 별로 좋지 않기 때문이다. 해마다 반복되는 번식활동 때 많은 수컷 원앙이 암컷에게 달려들어 구애를 하고, 암컷은 그중 한 마리를 짝으로 정한다. 해마다 그런다는 건, 매년 배우자가 바뀐다는 얘기. 게다가 둥

지를 틀고 암컷이 알을 품게 되면 수컷은 바람처럼 떠나 버린
다. 원앙 부부의 금실은 겨우 반년짜리인 셈. 그러니 표준사전
의 아래 뜻풀이도 한번 생각해 볼 만하다.

> **원앙(鴛鴦)** ① 오릿과의 물새.…천연기념물 제327호. ② 금
> 실이 좋은 부부를 비유적으로 이르는 말.(자기 전에는 두 남
> 녀가 원앙의 의였는데 새벽엔 치정 싸움으로 살인이 날 뻔했어.〈유
> 주현, 하오의 연가〉 아들 성진을 낳은 이후 두 사람은 갑자기 원앙
> 처럼 가까워졌다.〈홍성원, 육이오〉)

또 '원앙계(鴛鴦契·금실이 좋은 부부의 사이)'나 '원앙지정(鴛
鴦之情·부부 사이의 다정하고 두터운 애정을 원앙에 비유하여 이르는
말)' 역시 실제와 달라서 공허하기는 마찬가지다. 그래도 반년
동안은 좋지 않으냐고 하면 할 말은 없지만….

¶

꽈리를 틀다니

꽈리/똬리

'그 대가로 얻은 것은 노동 조건의 악화, 기업의 눈먼 이윤추구, 재벌 집중 심화다. 그것이 무슨 일을 낼지 우리는 잘 안다. 우리 안에 꽈리를 틀고 앉아 우리를 할퀴고 상처를 낸다.'

어느 신문 칼럼을 읽다가 그만 웃음을 터뜨리고 말았다. 글 속에 자리 잡고 앉은 '꽈리' 때문이었다. 〈표준국어대사전〉을 보자.

꽈리 가짓과의 여러해살이풀. 높이는 40~90cm며 잎은 어긋나고 긴 타원형이다.···어린잎은 식용하고 뿌리는 약용한다. 마을 근처에 심어 가꾼다.

사전엔 이것 하나뿐이다. 꽈리는 그냥, 식물인 것. 저기 나온 '꽈리'는 '똬리'의 잘못이다. 다시 표준사전을 보자.

좋은 문장을 쓰고 싶다면

똬리 ① 짐을 머리에 일 때 머리에 받치는 고리 모양의 물건. 짚이나 천을 틀어서 만든다.(동이를 이고 부엌으로 들어오던 간난 어멈은 똬리 밑으로 흘러내리는 물을 손등으로 뿌리며 대청마루에 장승처럼 선 황 씨를 쳐다보았다.〈한수산, 유민〉…) ② 둥글게 빙빙 틀어 놓은 것. 또는 그런 모양.(구렁이가 똬리를 틀고 있다.)

간혹, 똬리 대신 '또아리'로 쓰기도 하는데, 또아리는 '갈퀴발의 다른 끝을 모아 휘감아 잡아맨 부분'을 가리킨다. 갈퀴발은 '갈퀴의 몸을 이루는 갈고랑이 진 낱낱의 부분'이고, 갈퀴는 여러분이 아시는 바로 그 '검불이나 곡식 따위를 긁어모으는 데 쓰는 기구'다.

사실, 오·탈자나 비문을 보면 교열기자들이 힘들어하거나 비웃을 것이라 생각하는 이가 적지 않다. 하지만 똬리에서 보듯, 바쁜 업무 시간에 웃음을 주니 그냥 웃을 뿐 비웃지는 않는다. 자, 같이 웃을 이야기들.

〈습지·정원서 눈 호강… 꼬막·짱뚱어 먹고 입 호강… 발길 닫는 곳마다 힐링〉

어느 신문 제목인데, 발길 '닿는'을 '닫는'으로 썼다. 정반대로 해석될 수도 있는 제목.

'현지에서 파악된 강제연행 조선인수는 200여명이지만 실제로는 더 많을 것으로 예상된다.'

'예상'은 미리 하는 것인데, 조선인 강제연행은 일제 강점기에 일어난 일이므로 '추정된다'가 옳다.

'…청소년 교도소에서 일단의 죄수들이 폭동을 일으켜 다른 동료 죄수들을 공격하고 건물 옥상을 점거한 채 경찰과 대치 중….'

이 기사에서는 '동료 죄수'들이 웃음을 준다. 표준사전을 보자.

> **동료** 같은 직장이나 같은 부문에서 함께 일하는 사람.(직장 동료. 동료 장교.)

동료를 순우리말로 '일벗'이라 하는 데서 알 수 있듯이, 함께 일하지 않으면, 같은 곳에 있다고 모두 동료가 되는 건 아니다.

좋은 문장을 쓰고 싶다면

마음 놓고 쓸 수 있는 동의어

'봄의 전령사 버들강아지가 어느덧 다가온 봄 햇살에 수줍은 듯 솜 털을 드러내며 피었습니다.'

'…계룡산 수통골에 봄의 전령인 버들개지가 하얀 솜털을 드러내 며 봄의 시작을 알리고 있다.'

신문 사진기사 설명들인데, '버들강아지'와 '버들개지'로 표 기가 갈렸다. 과연 어느 것을 써야 할까. 결론부터 말하자면, 어느 것이든 써도 된다. 버들강아지와 버들개지는 '버드나무 의 꽃'을 가리키는 동의어이기 때문이다.(다만, '버들가지'는 버드 나무의 가지를 가리키므로 구별해서 써야 한다.)

'초등학교 앞 오래된 {문구점/문방구} 곳곳에는 세월의 흔적이 묻 어 있다.'

이 문장에서는 '문구점'과 '문방구' 가운데 어느 것이 옳을 까. 역시 결론부터 말하자면, 역시 둘 다 옳다. '문방구'는 원 래 '학용품과 사무용품 따위를 통틀어 이르는 말'이었지만 '학 용품과 사무용품 따위를 파는 곳'으로 의미 확장을 했기 때문.

3장 문장의 의미를 헷갈리게 하는 말들

해서, 문방구는 문구이자, 문구점이다. 자, 이쯤 되면 아래 문장들에선 뭐가 옳은지 쉽게 아실 터.

'김고은은 14일 방송된 SBS 파워FM '최화정의 파워타임'에 게스트로 출연해 "예전에는 {쌍까풀/쌍꺼풀} 수술을 고민했다"고 밝혔다.'
'이해찬 더불어민주당 공동상임선대위원장과 이낙연 공동상임선대위원장이 28일 오전 국회에서 열린 제2차 선거대책위원회 회의에서 {귓속말/귀엣말}을 하고 있다.'

짐작하신 대로 '쌍까풀/쌍꺼풀'과 '귓속말/귀엣말'은, 역시나 동의어들. 그러니 어느 것을 쓰든 상관없다. 이제 난도를 조금 더 높여 보자.

'폐쇄된 건물 들락날락… 신천지 숨기고 출근한 공무원.'
'아이들이 제 집처럼 들랑날랑하는 놀이터.'

'들락날락'과 '들랑날랑' 둘 가운데 어느 것이 옳을까. 설마, 하시겠지만 역시 둘 다 옳다.
요즘은 보기 힘든 풍경이지만, 대보름께면 아이들이 기다란 줄에 불을 넣은 깡통 따위를 달아 빙빙 돌리며 놀았다. 논둑·밭둑에 불을 붙이며 돌아다니기도 했는데, 이런 행위를 '쥐불놀이'라 했다. '쥐불놀이' 아니냐고? 이런 생각들 때문에 결국 쥐불놀이도 표준어가 됐다.

좋은 문장을 쓰고 싶다면

비슷한 예로는 '계기반/계기판'도 있다. 원래 표준어는 '계기반(計器盤)'이었는데, 사람들이 하도 '계기판'으로들 불러서 결국 '계기반/계기판'은 동의어가 된 것.

'어두침침(하다)'이 표준어가 된 것도 사람들 입에서 비롯했을 터. 아무래도 '어둠침침(하다)'보다는 받침 없는 말이 더 발음하기 쉬워서 그랬을 것이란 얘기다.

¶

퀴즈는 맞추지 말고 맞히자

맞추다/맞히다

〈가정집 추돌할 뻔한 시내버스〉

이런 기사 제목이 있는데, 엉터리다. 〈표준국어대사전〉을 보자.

> **추돌(追突)** 자동차나 기차 따위가 뒤에서 들이받음.(추돌 사고./버스 한 대와 승용차 두 대가 부딪치는 이중 추돌이 일어났다.)

추돌에는 방향이 있다. 뒤에서 들이받아야 추돌이다. 그러니 '가정집 추돌'은 집 뒤쪽을 들이받았다는 말인가. 저 제목은 〈가정집 (들이)받을 뻔한 시내버스〉 정도가 옳았다.

'초성퀴즈 맞추고 두바이 여행가자.'

어느 여행사가 인터넷에 올린 글인데, 역시 엉터리다. 표준 사전을 보자.

　　　　　　　　좋은 문장을 쓰고 싶다면

맞추다 … ※'퀴즈의 답을 맞추다.'는 옳지 않고 '퀴즈의 답을 맞히다.'가 옳은 표현이다. '맞히다'에는 '적중하다'의 의미가 있어서 정답을 골라낸다는 의미를 가지지만 '맞추다'는 '대상끼리 서로 비교한다'는 의미를 가져서 '답안지를 정답과 맞추다'와 같은 경우에만 쓴다.

즉, '맞추다'는 대상끼리 서로 비교하거나 대조한다는 뜻이어서, 답을 틀리지 않았다는 얘기라면 '맞히다'를 써야 한다는 설명이다. 그러니 초성퀴즈는 맞추는 게 아니라 맞히는 게 옳았다.

사실, 어슷비슷해 보이는 이런 말들을 구별해 쓰는 게 쉽지는 않다. 하지만, 조금만 관심을 기울이면 잘못 쓰는 다른 사람 말을 고쳐 주며 으쓱해지는 경험을 할 수 있다. 안타깝지만, 한국말 잘못 쓰는 사람 찾기가 어렵지 않기 때문이다.

'컴컴한 반지하의 단점을 극복하기 위해 쓴 커다란 통유리창이 지면과 같은 눈높이로 바깥 풍경을 들여다볼 수 있는 사각 프레임이 됐다.'

어느 신문 사진 설명인데, 이렇게 글로 먹고사는 기자들도 종종 말을 잘못 쓰는 판이다. 표준사전을 보자.

들여다보다 ① 밖에서 안을 보다.(방 안을 들여다보다./창 안을 들여다보는 게 누구야!) ② 가까이서 자세히 살피다.(책상에 놓인 사진을 들여다보다./떨어진 동전을 찾느라 연못 속을 들여다보았다./⋯) ③ 어디에 들러서 보다.(입원 중인 친구를 들여다보다./⋯)

이 가운데 뜻풀이 ①처럼, 밖에서 안을 볼 때 '들여다보다'를 쓴다. 한데, 저 사진 설명은 목적어가 '바깥 풍경'인 것. 그러니 이때는 '내다보다'라고 해야 했다.

잘못 써서 방향치 소리 듣기 십상인 말로는 '치닫다'도 있다. '브레이크가 고장 나 미끄러지던 트럭은 가속이 붙어 가게로 치달았다'처럼 쓰기도 하지만, '치닫다'는 위쪽으로 달린다는 말이니 '내리닫다'라 해야 하는 것.

좋은 문장을 쓰고 싶다면

'구분'과 '구별'은 구분할까 구별할까

말장난 같은 질문 하나. '구분'과 '구별'은 구별해야 할까, 구
분해야 할까.

> **구분(區分)** 일정한 기준에 따라 전체를 몇 개로 갈라 나
> 눔.(구분을 짓다./서정시와 서사시의 구분은 상대적일 뿐이다.)
> **구별(區別)** 성질이나 종류에 따라 차이가 남. 또는 성질이나
> 종류에 따라 갈라놓음.(신분의 구별./공과 사의 구별./요즘 옷은
> 남녀의 구별이 없는 경우가 많다.)

〈표준국어대사전〉을 봐도 어떻게 다른지는 좀 모호하지만,
알고 보면 '구분' 뜻풀이에 열쇠가 있다. 바로 '전체'라는 말.
즉, 경우의 수를 합쳐서 전체가 되면 구분으로 쓴다는 얘기다.
그게 아니라면 굳이 뜻풀이를 '전체를 몇 개로 갈라 나눔'으로
할 게 아니라 '몇 개로 갈라 나눔'으로만 해도 충분했을 터. 그
러니 〈"욕망과 영웅 구분하는 사람이 되길"〉이라는 어느 신문
제목은 틀린 셈이다.
　한데, 그러고 보니 '구별' 보기글 가운데 '공과 사의 구별'이

좀 어색하다. 전체를 나누면 '공/사' 이외에 다른 무엇이 더 있지 않기 때문. 아니나 다를까, 표준사전에서 '공사(公私)'를 찾아보니 '공사를 엄격히 구분하다'라는 보기글이 달려 있다. 아래는 표준사전에 실린 다른 보기글들.

- 여러 가지 식품을 계량할 때에는 무게로 달 것과 부피로 잴 것을 구분한 뒤, 다음과 같은 순서와 방법으로 한다.('계량하다' 보기글)

- 각자의 능력에 따라 수도에만 전념할 승려와 행정과 교화를 담당할 승려로 명백히 구분하자는 것이다.〈김성동, 만다라〉('명백히' 보기글)

- 배냇저고리는 형편에 따라 다르지만, 여유 있는 집에서는 딸과 아들이 입는 것을 구분하였다.('배냇저고리' 보기글)

- 난리가 일어나자 사농공상 구분 없이 적들에 대항했다.('사농공상' 보기글)

다만 아래 보기글에서 '구분'은 '구별'이 돼야 할 터. '한국, 일본, 중국 사람'을 합하면 전체가 되는 게 아니기 때문이다.

서양 사람들은 한국, 일본, 중국 사람들이 서로 어슷비슷해서 구분을 잘할 수 없다고 한다.('어슷비슷하다' 보기글)

아니 그러면, '구별' 보기글 가운데 '남녀의 구별'도, 남녀를 합하면 전체가 되니 '구분'으로 해야 하지 않느냐고? 그건, 뭐, 남녀 외에도 양성을 가진 채 태어나는 사람도 있는 데다, 성 정체성 쪽으로 봐도 그렇게 딱 맞아떨어지는 게 아니라서, 구별이 더 어울리겠다.

하여튼 그래서, 첫 질문으로 돌아가면, 구분과 구별은 '구별' 해야 한다.

¶
북실북실 털북숭이

"…입이 달렸으면 제대로 말을 한번 해보지그래? (Man의 멱살을 잡는다.) 응? 어서 아무 말이나 씨부려보란 말이야."

어느 신문 신춘문예 희곡 당선작에 나오는 구절인데, 표기법에 맞지 않는 말이 있다. 바로 '씨부려보란'인데, '씨부리다'라는 말은 사전에서 찾을 수 없다. 〈표준국어대사전〉을 보자.

씨불이다 주책없이 함부로 실없는 말을 하다.(이 일을 자꾸 다른 사람들에게 씨불이면 재미 없어./너 지금 내 앞에서 뭐라고 씨불이는 거니?)

즉, '씨부려보란'은 '씨불여 보란'의 잘못이었던 것.

〈'털복숭이 남성들 환영합니다' 몸에 난 수북한 털 세련되게 변신…〉

어느 신문 제목인데, 사실 아무리 기다려도 저런 남성들은 오지 않을 것이다. 표준사전에서 검색을 하면 "'털복숭이'에 대한 검색 결과가 없습니다'라고 나온다. 대신, 이런 말이 올라 있다.

털복숭이 털이 많이 난 것. =북숭이.(나는 털복숭이 강아지를 좋아한다./아버지는 소 피가 흘러내리는 턱주가리를 털북숭이 팔로 닦았다.〈김원일, 노을〉)

살이 찌거나 털이 많아서 복스럽고 탐스러운 모양도 '복실복실'이 아니라 '북실북실'로 써야 한다.

올해 초등학교 3학년이면 그끄께에는 몇 학년이었을까?

답은…'1학년'이다. '그끄께'가 재작년, 그러니까 지지난해를 가리키기 때문. 3년 전은 그끄끄께가 된다. 아래 물음에도 답해 보자.

올해 3학년이면 내후년에는 몇 학년이 될까?

무슨, 이런 질문을 하나 싶겠지만, 답해 보시라. '내후년'은 후년의 다음 해, 내년의 다다음 해를 가리키기 때문에, 답은 '6학년'이다. 1년 뒤는 내년이고, 2년 뒤는 후년. 그러니 해를 세는 말 '3년 전-2년 전-1년 전-금년-1년 뒤-2년 뒤-3년 뒤'는 이렇게 정리하면 된다.

그ㄲ러께-그러께-작년-올해-내년-후년-내후년.

 우리말엔 이처럼 비슷해서 헷갈리는 말이 꽤 있지만, 다른
언어라고 크게 다르지는 않다. 결국 자기가 쓰는 말에 얼마나
애정을 가지고 관심을 기울이느냐에 따라 고급 화자가 될 수
도 있고, 안 될 수도 있다는 얘기다.
 이를테면 'steak/bravo' 대신 'stake/barvo'로 잘못 쓰면 대
개 부끄러워하는 한국어 사용자들이, '결제' 대신 '결재'라고
잘못 써도 별로 부끄러워하지 않는 건 부끄러운 일이다. '카드
대금 결재일을 매월 5일에서 15일로 바꿨다'에서 '결재일'을
'결제일'로 써야 제대로 된 한국어 사용자가 될 수 있을 터.

¶

다른 걸 틀리고

틀리다/다르다, 뒤지다/뒈지다

〈"교학사 한국사 교과서로 수능 준비하면 절반은 틀릴 것"〉

〈김희애 '포즈부터 클래스가 틀려~'〉

이 두 제목에 나온 '틀리다' 가운데 하나는 틀렸다. 〈표준국어대사전〉을 보자.

> **틀리다** [I]「동사」① 셈이나 사실 따위가 그르게 되거나 어긋나다.(답이 틀리다/계산이 틀리다.…) ② 바라거나 하려는 일이 순조롭게 되지 못하다.(오늘 이 일을 마치기는 틀린 것 같다.…) ③ 마음이나 행동 따위가 올바르지 못하고 비뚤어지다.(그는 인간이 틀렸어./그 사람은 외모는 출중한데 성격이 틀렸어.)
> [II]「형용사」→ 다르다.

요약하자면, 사실과 다르거나 올바르지 못할 때 동사로 쓰는 말이고, 형용사로는 쓸 수 없다는 얘기. 이땐 '다르다'로 써야 한다는 뜻풀이다.

첫 제목에 나온 '틀리다'는 답이 틀렸다는 것이니 동사로 바르게 썼다. 반면, 둘째 제목에 나온 '틀리다'는 수준이 다르다는 형용사여서, 잘못 쓴 것. '클래스가 틀려'는 '클래스가 달라'라야 했다. 아래 문장에 나오는 '틀릴 것이다'도 '다를 것이다'라야 했다.

"훈련을 통해서 기존 유형에 숙달하는 것이 아니라 새로운 것을 만들어야 한다. 다른 구단과는 전지 훈련의 차원부터가 틀릴 것이다."

쉽게 말해 '틀리다'는 '옳지 않다'는 것이고, '다르다'는 '같지 않다'는 말이다. 지난날 우리는 같지 않아서 서로 다른 것을 '틀렸다'고 써 버릇했는데, 알고 보면 틀린 말버릇이었던 것.

"뒤지고 싶어 환장했냐!"

불쑥 끼어드는 차량 운전자가 흔히 듣는 욕설이다. 한데, 알고 보면 저 말은 욕이 아니다. 표준사전을 보자.

뒤지다 1. ① 걸음이 남에게 뒤떨어지다.(그는 선생님보다 서너 걸음 뒤져 걸었다.…) ② 능력, 수준 따위가 남보다 뒤떨어지거나 못하다.(문화 수준이 뒤진 나라.…) ③ 시간에 있어 남보다 늦다.(내 생일은 그보다 3일 뒤진다.) 2. 어떤 기준에 미치지 못하다.(시대에 뒤진 사고방식.…)

이렇게, 수준이 떨어지거나 기준에 미치지 못한다는 말일 뿐, "죽고 싶으냐"는 뜻은 아닌 것. 저럴 땐 '뒤지다'가 아니라 '뒈지다'를 써야 했다.

뒈지다 '죽다'를 속되게 이르는 말.(혼자서 그 골방에서 굶어서 뒈지든지 사람들한테 또 몰매를 맞아 뒈지든지 알아서 해라.〈한승원, 해일〉…)

뭐, 욕설이든 다른 무엇이든 제대로 하자는 얘기다.

¶

시선을 좇아가니

쫓다/좇다, 멀지 않다/머지않다

'비슷하게 생긴 말들을 구별해 쓰는 게 언어 능력'이라는 화두를 품고 아래 문장을 보자.

'아기 목욕시키듯 조심스럽게 채로 옮겼다 다시 양푼으로 옮겼다를 반복한다. 우악스럽게 한 번에 채에 들이붓지 말고 한 움큼씩 옮겨야 한다.'

어느 소설가가 쓴 '샐러드 만드는 법'인데, 눈 밝은 독자라면 벌써 어울리지 않는 말을 찾으셨을 터. 바로 '채'라는 말이다. 액체를 받거나 거르는 데 쓰는 기구로는 '체'라야 했던 것. '술 익자 체 장수 지나간다'는 속담은, 일이 공교롭게 잘 맞아가는 걸 비유적으로 이르는 말.

'김 과장의 시선을 쫓아가니 화단에 활짝 핀 금낭화가 보였다.'

여기 나온 '쫓아가니'는 '좇아가니'가 옳다. 〈표준국어대사전〉을 보자.

좋은 문장을 쓰고 싶다면

쫓아가다 ① 어떤 대상을 만나기 위하여 급히 가다.(부모님이 학교에 쫓아가 사정을 했지만 결국 그는 퇴학을 당하고 말았다./…) ② 어떤 사람이나 물체 따위의 뒤를 급히 따라가다.(선두에선 흰말의 뒤를 검정말이 기를 쓰고 쫓아가고 있었다./…)

좇아가다 ① 남의 말이나 뜻을 따라가다.(학생들은 선생님의 가르침을 하나씩 좇아가면서 배우고 있었다./…) ② 어떤 대상을 눈길로 따라가다.(그녀의 그윽한 눈길은 그의 뒤를 좇아가고 있다./…)

이 둘을 비교하면 차이가 분명히 드러난다. '쫓아가다'는 물리적 이동이 있을 경우, '좇아가다'는 그렇지 않을 때 쓴다는 것. 그러니 김 과장 시선을 '좇아가야' 했다.

이런 차이는 '좇다/쫓다'에도 그대로 적용된다. 해서, 도둑은 '쫓아야' 하고, 관례는 '좇아야' 한다. 다만, '쫓다'에는 움직임이 크게 드러나지 않는 '밀려드는 졸음이나 잡념 따위를 물리치다'라는 뜻도 있으니 유의해야 한다.

'미국 공화당 상원 대표인 미치 맥코넬 의원이 신종 코로나바이러스 감염증(코로나19)으로 휘청이는 미국 경제를 위한 새로운 경기부양책 발표가 "그리 멀지 않았다"고 말했다.'

여기 나온 '멀지 않았다'는 '머지않다'가 옳다. 멀지 않은 게

'거리'가 아니라 '시간'일 땐 한 단어인 '머지않다'로 써야 하기 때문이다. 그러니 '멀지 않은 동네/머지않은 미래'쯤으로 외우면 헷갈리지 않을 터.

"멀지 않아 쓸모없는 북남 공동연락사무소가 형체도 없이 무너지는 비참한 광경을 보게 될 것이다."

북한 김여정 부부장이 한 말인데, 이걸 보면 북측은 '멀다'를 '거리'와 '시간'에 모두 쓴다는 걸 알 수 있다. 남북 말글이 머지않아 통일될 것이라는 소릴 하기엔 아직 이른 걸까.

¶
'밀대'의 진짜 이름

'이날 방송에서 슈는 라희 라율 자매의 오감발달을 위해 밀가루 반죽을 함께 했다. 라희는 반죽의 달인답게 밀대로 밀가루 반죽을 해 엄마 슈를 뿌듯하게 했다.'

어느 인터넷 매체에 실린 기사 가운데 한 구절이다. 한데, 아이들이 밀가루 반죽을 하는 귀여운 모습에 저절로 미소를 짓게 되는 이 기사에 엉뚱한 말이 들어 있어 아쉬움을 남긴다. 바로 '밀대'라는 말이다. 〈표준국어대사전〉을 보자.

> **밀대** ① 물건을 밀어젖힐 때 쓰는 막대.(박 첨지 며느리는 됫박 위에 수북이 메밀을 담아 놓고 있었다. 밀대로 싹 밀어 되는 것이 아니다.〈안수길, 북간도〉) ② 소총 따위에서 노리쇠 뭉치와 연결되어 밀었다 당겼다 하는 긴 쇠. 큰 밀대와 작은 밀대가 있다. ③ → 대걸레.

소총 부품인 ②는 제쳐 놓자. 대걸레의 잘못인 ③도 제외하면, 물건을 밀어젖힐 때 쓰는 막대라는 ①만 남는다. 즉, 밀대는 반죽을 밀어서 얇고 넓게 펴는 기구가 아닌 것이다. 됫박에 메밀을 담아서 싹 민다는 보기 글에서 알 수 있듯이, 밀대는 바로 '평미레'를 가리키는 말인 것. 표준사전을 보자.

> **평미레** 말이나 되에 곡식을 담고 그 위를 평평하게 밀어 고르게 하는 데 쓰는 방망이 모양의 기구.

그래서, 되질할 때 평미레로 얼마나 미느냐에 따라 '되를 잘 준다, 되가 후하다'거나 '되가 박하다, 되가 인색하다'고 들 했다.

그러면 저 밀대는 무엇일까. 다시 표준사전을 보자.

> **밀개** 밀가루 반죽 따위를 밀어서 얇고 넓게 만드는 기구.

그러니, 바로 이 '밀개'가 '밀대'의 제대로 된 이름인 것이다. 풀이 가운데 '기구'는 좀 두루뭉술한데, 우리가 아는 것처럼 '방망이'에 가까운 말로는 이런 게 있다.

> **밀방망이** 반죽을 밀어서 얇고 넓게 펴는 데 쓰는 방망이.

좋은 문장을 쓰고 싶다면

결국 저 기사에 나온 '밀대'는 '밀개'나 '밀방망이'로 바꿔야 했다. 흔히 '홍두깨로 반죽을 민다'고도 하지만 홍두깨는 다듬이질할 때에 쓰는 도구일 뿐, 조리 도구는 아니다.

여담인데, ③번을 보자면 '밀대 걸레'도 '대걸레'가 옳다는 걸 알 수 있다.('→'는 뒤에 나오는 말이 표준어라는 기호.) 물론, '자루걸레'로 써도 된다.

¶
헷갈릴 때는 사전을 펼쳐 보자

푯말/팻말, 가위/가히

〈'국정화 반대' 푯말 계속 붙이고 박수 안치고…새정치, 보이콧 대신 '침묵시위'〉

어느 기사 제목인데, '푯말'이 잘못 쓰였다. 〈표준국어대사전〉을 보자.

푯말(標-) 무엇을 표시하기 위하여 세우거나 박은 말뚝.

그러니까, 푯말은 말 그대로 '그냥 말뚝'이다. 표시할 목적 없이 세우는 말뚝은 거의 없으므로 대개는 '말뚝=푯말'인 것. 그러니 아래 신문 기사 제목들도 당연히 잘못된 것임을 알 수 있다.

〈뉴욕총영사관 앞에 '독도는 일본 땅' 푯말〉
〈'야간공연 금지' 푯말옆… 홍대거리는 밤새 쿵쾅쿵쾅〉

이 자리에는 '팻말'을 써야 한다. 사전을 보자.

팻말(牌-) ① 패(牌)를 단 말뚝. =패목(牌木). ② 주변이나 다른 사람들에게 알리기 위하여 글 따위를 써 놓은, 네모난 조각.

원래는 ①처럼 '패가 달린 말뚝'만 팻말이라 했지만, 글 따위를 써 놓은 네모난 조각도 가리키는 것으로 의미가 확장됐다. 땅에 박힌 것이든, 손에 든 것이든, 누군가에게 뭔가를 알리려는 내용이 씌어 있다면 모두 '팻말'이 되는 셈. '버스정류장' 표지가 붙은 말뚝이나 사무실 문에 붙은 '총무과' 같은 알림판도 팻말인 것이다.

알리는 내용이나 어떤 주장을 적은 자루 달린 널빤지, 그러니까 '피켓'도 국립국어원은 '손팻말, 팻말'로 순화해 쓰도록 권한다.(하지만, '손팻말'은 아직 표준사전에 없다!!)

비슷해서 헷갈리는 말로는 이런 것도 있다.

'두 사람의 돈독한 우정을 생각하면 그런 상황을 가위 짐작할 만하다.'

여기 나온 '가위(可謂)'는 썩 어울리지 않는다. '한마디의 말로 이르자면. 또는 그런 뜻에서 참으로'라는 뜻이기 때문이다. 이 자리에는 '가히'를 써야 한다. 사전 풀이를 보자.

가히(可-) ('-ㄹ 만하다', '-ㄹ 수 있다', '-ㅁ직하다' 따위와 함께 쓰여)'능히', '넉넉히'의 뜻을 나타낸다.(그 모습만 보아도 그 마음을 가히 짐작할 만하다./화산이 폭발하는 광경은 가히 장관이라 할 수 있다./이 과일은 가히 먹음직하다.)

반면 '가위'는 '어묵은 부산 것이 가위 으뜸이다/조국 광복에 목숨을 바친 그 사람이야말로 가위 애국자다'처럼 쓴다. '가위'와 '가히'는 서술어로 구별하면 된다는 걸 알 수 있다.

좋은 문장을 쓰고 싶다면

언어는 약속이다
깃들다/깃들이다

제목처럼, 언어는 약속이다. 그래서, 그렇게 쓰겠다고 저마다 도장 찍은 적은 없지만, 약속을 지키지 않으면 봉변을 당하거나 어려운 일을 겪는다. 버스를 신발이라고 하거나 "선생님!" 대신 "자네!"라고 불러 보면 당장 알 수 있다.

'시골 야트막한 언덕배기에 황토집 하나 짓게 된다면, 지붕은 참새들이 깃들어 살 수 있게 초가지붕으로 하련다.'

어느 수필에 나오는 구절인데, '깃들어'를 잘못 썼다. 〈표준국어대사전〉을 보자.

깃들다 ① 아늑하게 서려 들다.(어둠이 깃든 방 안./거리에는 어느새 황혼이 깃들었다.…) ② 감정, 생각, 노력 따위가 어리거나 스미다.(노여움이 깃든 얼굴./그의 얼굴에는 미소가 깃들어 있었다.…)

> **깃들이다** ① 주로 조류가 보금자리를 만들어 그 속에 들어 살다.(까마귀가 버드나무에 깃들였다./여우도 제 굴이 있고 공중에 나는 새도 깃들일 곳이 있다.…) ② 사람이나 건물 따위가 어디에 살거나 그곳에 자리 잡다.(이 마을에는 김씨 성의 사람들만 몇 대째 깃들여 산다./우리 명산에는 곳곳에 사찰이 깃들여 있다.)

이러니 집이나 보금자리에는 '깃들이다'를 써야 한다. '깃들어'는 '깃들여'라야 했던 것.

'(물메기는)말리면 점액질이 사라지고 담백하면서 깊은 맛을 내는 생선으로 변신하기 때문이다.'

어느 신문에 실린 이 글에서는 잘못된 것이 많다. 우선, 담백하면 깊은 맛을 낼 수가 없다. '담백하다'는 아무 맛도 없이 싱겁거나 느끼하지 않다는 뜻이기 때문이다. 또 '생선'은 '먹기 위해 잡은 신선한 물고기'여서, 말린 물메기는 절대로 생선이 될 수 없다. 생선과 건어는 한 몸이 한꺼번에 이룰 수 없다.

같은 글에 나온 '…굵은 물메기가 푸드득대며 큰 대야에 담기고 있었는데…'에서 '푸드득대며'도 좀 곤란한 표현이다. '푸드득대다'는 '무른 똥을 힘들여 눌 때 나는 소리가 자꾸 나다. 또는 그런 소리를 자꾸 내다'라는 뜻이기 때문이다. 저 표현은 물메기가 똥을 싼다는 얘기였던 것.

저 자리에는 '푸드덕대다'나 '푸드덕거리다'를 써야 옳았다.

큰 새가 힘 있게 잇따라 날개를 치거나 큰 물고기가 힘 있게 잇따라 꼬리를 칠 때 쓰는 표현이다. 우리 약속은, 그렇게 돼 있다.

¶
'주기'와 '주년' 사용법
주기/주년, 진도/규모

아래는 세월호 참사 2주년을 맞아 경기도교육청이 낸 신문 광고 문구와 어느 신문에 실린 사진설명.

'세월호 2주기, 슬픔을 넘어 희망으로'
'세월호 참사 2주기를 하루 앞둔 15일 오후 경기 안산시 단원구 안산문화광장에서 안산고교학생회장단연합이 연 '세월호 참사 희생자 2주기 추모제'에 참석한 학생들이 촛불을 들고 세월호 참사 희생자들을 추모하고 있다.'

한데, 여기서 '세월호 2주기/세월호 참사 2주기'는 제대로 된 표현이 아니다. 〈표준국어대사전〉을 보자.

> **주기(周忌/週忌)** 사람이 죽은 뒤 그 날짜가 해마다 돌아오는 횟수를 나타내는 말.(내일이 할아버지의 이십오 주기가 되는 날이다.)

쉽게 말해서 '제삿날'이라는 뜻. 그러니 '작은 외삼촌 3주기/김근태 의원 4주기'처럼 '주기' 앞에는 사람이 와야 한다. 반면 '세월호/세월호 참사' 뒤에는 '주년'이 어울린다. 사전을 보자.

주년(周年/週年) 일 년을 단위로 돌아오는 돌을 세는 단위.(동학 농민 운동 1백 주년./결혼 오십 주년.)

이러니 '안중근 의사 순국 106○○ 추모행사'에는 '주년', '안중근 의사 106○○ 기념식'에는 '주기'를 써야 정확하다. 반면, 세월호 참사 희생자 2주기 추모제'는 제대로인 셈.

'지난 14일 일본 규슈(九州) 지방에 위치한 구마모토 현 구마모토 시에서 1차로 진도 6.5의 지진이 발생한 데 이어 16일 2차로 진도 7.3의 강진이 발생했다.'

이 기사에 나온 '진도 6.5'와 '진도 7.3'은 틀렸다. 진도는 소수점 아래는 쓰지 않고 정수로만 표기하기 때문이다. 또 지진 자체의 크기는 '규모 6.5'나 '규모 7.3'처럼 '규모'라는 용어를 쓴다.

'규모/진도'는 '절대적인 개념/상대적인 개념'이다. 이를테면 '규모 7.3 구마모토 지진'은 어디에서든 '규모'가 7.3이지만, '진도'는 부산에서 3, 충청도에서는 2, 서울에서는 1 정도로 바뀐다. 규모는 변하지 않지만 진도는 진원지와의 거리에 따라

달라지는 것. 이때 부산에서 측정한 '진도 3'을 '규모 3'으로
쓰는 건, 더 말할 것도 없이, 잘못이다.

따르릉, 따르릉, '비켜나세요'

비키다/비끼다

'제20대 총선 결과는 정치엘리트와 언론의 예측을 보기 좋게 비켜 갔다.'

2016년 4·13 총선 뒤 어느 신문에 실린 글이다. 한데, 저기 서 '비켜갔다'는 옳은 표현일까. '비켜 가다'는 한 단어가 아니 라 '비키+-어 가다' 꼴. 〈표준국어대사전〉을 보자.

비키다 1. 무엇을 피하여 있던 곳에서 한쪽으로 자리를 조 금 옮기다.(길에서 놀던 아이가 자동차 소리에 깜짝 놀라 옆으 로 비켰다.) 2. ①방해가 되는 것을 한쪽으로 조금 옮겨 놓 다.(통로에 놓였던 쌀독을 옆으로 비켜 놓았다.) ②무엇을 피하 여 방향을 조금 바꾸다.(…나는 힘차게 어깨를 흔들어 누나의 손을 뿌리쳤다. 그리고 사람들을 비켜 가며 빨리빨리 걸었다.〈김승 옥, 염소는 힘이 세다〉) ③('길'이나 '자리' 따위와 함께 쓰여)다른 사람을 위하여 있던 자리를 피하여 다른 곳으로 옮기다.(상 여가 지나가자 그들은 묵묵히 길을 비켜 주었고 배행하는 문상꾼 삼십여 명의 동학 군사들도 그냥 통과시키고 있었다.〈유현종, 들 불〉…)

여기서 보듯이, 대개의 경우에는, 주체가 의지를 가지고 움직일 때 '비키다'를 쓴다. 그러한 사실은 '비켜나다, 비켜서다'나, '비켜 나가다, 비켜 앉다, 비켜 옮기다, 비켜 주다, 비켜 지나가다'에서도 확인할 수 있다. 그러니 '총선 결과가 비켜갔다'는 옳은 표현이 아니다. 저럴 때 쓸 말로는 아래 보기 가운데 어느 것이 가장 알맞을까.

① 비껴가다 ② 빗겨가다 ③ 빗나가다

기대나 예상과 다르다는 뜻으로 쓰는 말은 '빗나가다'다. 그러니 '정치엘리트와 언론의 제20대 총선 예측은 보기 좋게 빗나갔다'쯤이 적당했을 터.

'빗겨가다'는, 지금은 쓸 수 없는 표현. 표준사전에 따르면 '빗기다'는 "비끼다'의 옛말'이다.

'쇄도하던 손흥민이 논스톱 슈팅을 시도했지만, 공은 골문을 살짝 비켜갔다'에 나온 '비켜갔다' 역시 '빗나갔다'로 바꾸면 무난하다. 한데, 여기서는 '비껴갔다'로 바꾸는 것도 꽤 좋은 선택이 된다. 표준사전을 보자.

> **비껴가다** ① 비스듬히 스쳐 지나다.(…각도는 좋았으나 공은 골대를 살짝 비껴갔다.) ② 어떤 감정, 표정, 모습 따위가 얼굴에 잠깐 스쳐 지나가다.(그의 눈가에 후회하는 빛이 비껴가는 것을 나는 보았다.)

이러니, 객관적인 사실을 나타낼 때는 '비껴가다'를 쓰는 게 더 나은 것. 단순한 정보뿐인 '빗나가다'보다는 훨씬 더 상세한 설명이 '비껴가다'에 담겨 있기 때문이다.

¶

목을 늘리면 어떻게 될까

'까치발을 하고

목을 늘려가며

그대를 부르는 시간…'

조경숙의 시 「나팔꽃」 앞부분이다. 뒤꿈치를 들고 목을 길게 빼서 '그대'를 부른다는 뜻. 한데, 이 시를 글자 그대로 해석하자면, 뒤꿈치를 들고 '목을 여러 개 만들어 가면서' 부른다는 뜻이 된다. 〈표준국어대사전〉을 보자.

늘리다 ① 물체의 넓이, 부피 따위를 본디보다 커지게 하다.(주차장의 규모를 늘리다….) ② 수나 분량, 시간 따위가 본디보다 많아지게 하다.(학생 수를 늘리다./시험 시간을 30분 늘리다.) ③ 힘이나 기운, 세력 따위가 이전보다 큰 상태가 되다.(적군은 세력을 늘린 후 다시 침범하였다.)…

풀이에서 보듯이 '늘리다'는 주로 숫자나 부피와 관련이 있다. 이러니 '목을 늘리다'는 머릿수를 늘린다는 말이 되는 것.

저 자리에는 '늘려가며' 대신 '늘여 가며'를 써야 했다. 다시 표준사전을 보자.

> **늘이다** ① 본디보다 더 길게 하다.(고무줄을 늘이다./바짓단을 늘이다/엿가락을 늘이다….) ② (주로 '선'과 관련된 말을 목적어로 하여)선 따위를 연장하여 계속 긋다.(선분 ㄱㄴ을 늘이면 다른 선분과 만나게 된다.)

이처럼, 길이와 관련된 것에는 '늘이다'를 써야 한다. 그래도 헷갈린다면, 보기글에 나온 '고무줄, 바짓단, 엿가락, 선분'처럼 실제로 눈에 보이는 것에 '늘이다'를 쓴다고 생각하면 이해가 쉬울 터. 아무튼 회사를 경영하며 직원을 늘리는 건 괜찮아도 늘이는 건 큰일 날 일이 된다.

'강릉시는 사고 직후 응급복구반을 투입해 이날 오후 9시께 파손된 상수도관 이음새를 새 것으로 교체하고 수돗물 공급을 재개했다.'

이 기사에서는 '이음새'를 잘못 썼다. '이음새'는 '두 물체를 이은 모양새'를 가리키는 말. 그러니 '상수도관이 '생긴 모양'을 새것으로 교체하는 일'은 사람 사는 세상에서는 있을 수가 없다.('새것'은 물건에만 쓴다.)

여기 써야 할 말은 '이음쇠'다. '서로 잇기 위하여 대는 쇠'를 가리킨다. 또 '이음매'라는 말도 있는데, '두 물체를 이은 자리'

라는 뜻이다. '이음새, 이음쇠, 이음매'를 제대로 부려 쓰자면
이렇게 된다.

'책상 다리와 상판의 이음새가 아무래도 이상한 듯해서 살펴보니
이음쇠가 떨어져 나가 이음매가 벌어져 있었다.'

좋은 문장을 쓰고 싶다면

¶

빛바랜 바람
자주 틀리는 말

소셜 네트워크 서비스(SNS · 사회관계망 서비스)에 가끔 '자주 틀리는 맞춤법' 같은 게 올라온다. 훑어보면, 자주 틀리는 말들을 꽤 정확하게 바로잡아 놓았다. 우리말을 사랑하는 사람으로서, 관련 업무 종사자로서 흐뭇해지는 순간이다. 한데, 이 가운데 몇몇은 다른 해석도 가능하므로 조심해야 한다. 너무 단정적이어서, 다른 답도 있는 걸 놓칠 수 있기 때문이다. 문제가 될 만한 것들을 보자.

① 미쳐(×) → 미처
② 문안(×) → 무난
③ 금새(×) → 금세
④ 바램(×) → 바람

먼저 ①은, '그 사람이 그럴 줄 미쳐 몰랐다'처럼 쓰면 안 된다는 뜻. 하지만 동사 '미치다'의 활용꼴 '미쳐'(큰 개가 미쳐 날뛴다)도 있으므로 모든 '미쳐'를 '미처'로 고쳐야 하는 건 아니다. 부사 '미처'를 '미쳐'로 쓰면 잘못이라고 한정해야 했던 것.
② 역시, '문안(問安)'이라는 말이 있으므로, '무난(無難)하다'

를 '문안하다'로 쓰면 잘못이라고 했으면 무난했을 것이다.

③도 마찬가지. '금새/금세'는 쓰임새가 각각인, 그래서 각각 쓸 수 있는 낱말이다. 〈표준국어대사전〉을 보자.

금새 물건의 값. 또는 물건값의 비싸고 싼 정도.
금세 지금 바로. '금시에'가 줄어든 말로 구어체에서 많이 사용된다.

그러니 '술을 섞어 마셨더니 반응이 (   ) 왔다'에서는 '금세'를 써야 하지만, '추석 지나고는 배추 (   )가 좀 내렸다'에서는 '금새'를 써야 하는 것.

④ '바램'과 '바람'도 각각 달리 쓰이는 말이어서 보이는 모든 '바램'을 '바람'으로 고치면 안 된다.

'이번 주에는 그 일이 결판나기를 바랐다.'
'볕을 오래 쬔 벽지가 누렇게 바랬다.'

이 두 문장의 서술어 '바랐다/바랬다'를 명사형으로 만들면 '바람/바램'이 된다. 그러니 희망할 때는 '바람'이지만, 색이 변했을 때는 '바램'으로 써야 하는 것.

'내 일로 인해~상처받은 모든 분께 사과하고 싶어요…더 이상의 논란으로 또 다른분이 상처받는 일 없길 바래요….'

좋은 문장을 쓰고 싶다면

성추행 논란에 휩싸인 소설가 박범신이 트위터에 올린 글인데, '바래요'를 '바라요'로 썼더라면, 싫었다. 더군다나 소설가이기에….

한 끗 차이

헷갈린다는 건, 정확하게 알지 못한다는 말이기도 하다. 정확하지 않다는 건 결국 틀렸다는 말. '한 끗' 차이로 잘못 쓴 말들을 보자.

'흑163으로 응수하자 계속해서 백164로 단수치고 165로 막아 우변 흑 다섯 점을 잡는 수와 우하귀 다섯 점을 잡는 곳을 맛보기로 하고 있다.'

'맛보기'는 '맛을 보도록 조금 내놓은 음식', 혹은 '어떤 일을 본격적으로 하기 전에 시험 삼아 해 보는 것을 비유적으로 이르는 말'이다. 하지만 이 기보 해설에서는 그게 아니라, '네가 그걸 차지하면, 나는 이걸 차지하겠다'는 뜻으로 썼다. 맛보기가 아닌 것이다.

그런 뜻을 가진 말은 '맞보기'다. '바둑에서, 거의 동등한 가치의 착점을 홀수로 쌍방이 번갈아 놓을 수 있는 상태'라는 뜻. 발음이 똑같아 잘못 쓴 것이다. 발음 때문에 잘못 쓰는 말로는 이런 것도 있다.

좋은 문장을 쓰고 싶다면

〈국과수 "故신해철 횡경막 천공 의인성 손상 가능성"〉

우리 몸에는, 이 기사 제목에 나온 '횡경막'이라는 게 없다. '배와 가슴 사이를 분리하는 근육'은 '횡격막'이기 때문이다. 한자말 횡격막 대신 '가로막'으로 쓰면 '틀릴 확률'을 좀 줄일 수 있을 터.

'방제'와 '방재'도 많이들 헷갈린다. 표준사전을 보자.

방제(防除) ① 재앙을 미리 막아 없앰. ② 농작물을 병충해로부터 예방하거나 구제함.

방재(防災) 폭풍, 홍수, 지진, 화재 따위의 재해를 막는 일.

그러니, '솔잎혹파리 방재'나 '재선충 방재'에서 '방재'는 모두 '방제'로 써야 옳다.

어느 신문 제목 〈가짜 백수오 복용자들 첫 손배소 제기〉는 자칫 오해를 부를 수도 있겠다. '복용'은 아무것이나 먹는다는 말이 아니기 때문이다. 사전을 보자.

복용(服用) 약을 먹음. =복약(服藥).

이렇게, 약 먹는 것만을 복용이라 하기 때문에, 건강식품인 백수오에 써서는 안 된다. '복용자'를 '음용자', 혹은 상황에 따라 '소비자, 구매자' 따위로 바꾸면 될 터.

언어생활이란 게 비스름하게 생긴 걸 어림짐작으로 쓰는 건 아니므로, '비슷한 그 무엇'은 별 의미가 없다. 헷갈리는 말들을 정확하게 가려 써야 소통도 제대로 할 수 있는 것. 한데, 그렇다면, 말이 안 통한다고 답답해하기 전에, 과연 내가 쓰는 말은 정확한지, 한번 돌아볼 필요도 있겠다.

좋은 문장을 쓰고 싶다면

'소/속'을 밝혀라

'다진 김치를 통조림 참치와 함께 볶아 속으로 넣은 김밥을 달걀 지단으로 이불처럼 덮었다.'

서울에서 발행되는 어느 신문이 '김치말이'라는 음식을 설명하는 기사 구절이다. 한데 보통 사람뿐만 아니라 말과 글로 먹고사는 음식 전문기자들도 잘 틀리는 말이 여기 나온 '김밥 속'이다. 〈표준국어대사전〉을 보자.

> **김밥** 김 위에 밥을 펴 놓고 여러 가지 반찬으로 소를 박아 둘둘 말아 싸서 썰어 먹는 음식.

보다시피, 김밥 안에 넣는 여러 재료는 '속'이 아니라 '소'로 불러야 하는 것. 다시 표준사전을 보자.

소 ① 송편이나 만두 따위를 만들 때, 맛을 내기 위하여 익히기 전에 속에 넣는 여러 가지 재료. 송편에는 팥이나 콩ㆍ대추ㆍ밤 따위를 사용하고, 만두에는 고기ㆍ두부ㆍ채소 따위를 사용한다.(만두에 소를 적게 넣으면 맛이 없다./어머니는 팥을 물에 불려 거피를 내고 깨를 볶아 송편 소를 준비하셨다.) ② 통김치나 오이소박이김치 따위의 속에 넣는 여러 가지 재료.(소를 많이 넣어서인지 김치 맛이 좋다.)

속 거죽이나 껍질로 싸인 물체의 안쪽 부분.(수박 속./연필 속./속만 파먹다./밤송이를 까 보니 속은 거의 다 벌레가 먹었다.)

이러니, 김밥뿐만 아니라 송편ㆍ만두 따위에 들어가는 재료 역시 '소'가 옳다. '속/소'를 잘못 쓰면 다른 음식이 되는 수도 있다.

'가게에선 연탄아궁이를 내놓고 호빵과 국빵을 쪘다. 국빵이란 일종의 중국식 만두로 속이 들어 있지 않았다.'

역시 서울지역에서 발행되는 어느 신문의 칼럼 구절인데 속이 들어 있지 않은 빵, 속이 빈 빵이라면 만두가 아니라 '공갈빵'일 터. 해서, '속이 들어 있지 않았다'는 '소가 들어 있지 않았다'로 바로잡아야 한다. 혹시, 그래도 헷갈린다면, 표준사전을 보며 다시 정리하자.

오이소박이김치 오이의 허리를 서너 갈래로 갈라 속에 파, 마늘, 생강, 고춧가루를 섞은 소를 넣어 담근 김치. =과심 저·소박이·소박이김치·오이소박이.

뜻풀이 가운데 '속에 … 소를 넣어'가 바로 핵심이다. 단순화하면, '원래 있던 것은 속, 끼워 넣은 것은 소'인 것. 즉, '오이 속'은 오이를 반으로 갈랐을 때 보이는 씨 있는 부분이고, '오이 소'는 오이로 만들어 규아상(만두의 일종) 따위에 넣는 속 재료가 된다. 상대개념인 '겉-속'과 '피-소'를 염두에 두는 것도 헷갈리지 않는 방법 가운데 하나다.

¶
말랑말랑 고유명사

신문들이, 언론이, 있는 사실을 글자 하나 틀리지 않게 보도하리라 믿는 사람이 많지만, 알고 보면 그게 또 그렇지가 않다. 실례를 보자.

① 존경하는 국민여러분! '임을 위한 행진곡'은 단순한 노래가 아닙니다.
② 존경하는 국민여러분! '님을 위한 행진곡'은 단순한 노래가 아닙니다.

①은 청와대 홈페이지에 실린 '5·18 민주화운동 37주년 기념사'. 실제로 문재인 대통령도 '임을 위한 행진곡'이라고 연설했다. 한데, 몇몇 신문은 ②처럼 '님…'으로 표기했다. 문 대통령의 연설을 바꾼 것. 하지만 한글맞춤법에 따르자면 '임'이 옳다. '님'은 사람의 성이나 이름 뒤에 쓰이는 의존명사여서 문장 첫머리에 올 수 없다.

물론 두음법칙을 무시하고 저렇게 '님'으로 쓴 근거는 있다. 작품 이름을 하나의 고유명사로 본 것이다. 고유명사는 불러 달라는 대로 부르는 게 원칙이다. 아래는 국립국어원 홈페이지 '온라인가나다'난에 실린 2015년 5월 21일 자 답변이다.

> '…'님의 침묵'처럼 작품명의 경우에도 '임'이 아닌 '님'과 같이 쓰는 경향이 있는데, 이는 그 특수성을 인정한 경우로 볼 수 있습니다….'

이런 답변대로, 〈표준국어대사전〉에는 여기저기 '님의 침묵'으로 올라 있다.

하지만 이렇게 인정해 버리기에는 찜찜한 게 몇 가지 있다. 먼저, 작품명이라서 굳이 '님'이라 썼다면, 대통령의 연설 또한 하나의 작품인데 왜 손을 댔느냐는 물음에는 답이 궁해진다. 부르는 대로 써야 한다면, 말하는 대로 쓰는 것도 원칙이 돼야 할 터.

또 국립국어원이 작품명에 대해서는 특수성을 인정해야 한다고 했지만, 정작 표준사전을 보면 이야기가 달라진다. 이효석이 1936년 발표한 단편 소설 '모밀꽃 필 무렵'을 '메밀꽃 필 무렵'이라고 바꿔 실은 것이다. 박영한의 소설 〈머나먼 쏭바江〉(1977년)도 〈머나먼 송바강〉으로 실려 있다. 고유명사임에도 손을 댄 것이다.

작품명에 손을 댄 데 대해 변명을 해 주자면 이렇다. 사람 이름은 바뀔 여지가 적은 '단단한 고유명사'이지만 작품명은 바뀔 가능성이 있는, 좀 '느슨한 고유명사'이기 때문이라고. 고유명사라도 결이 다른 것이다.

¶

사랑으로 담근 김치

담다/담그다

'시내버스 기사들이 사랑으로 담는 김장.'
'부산에서는 '멸치, 메루치, 메르치' 등으로 불리는 멸치는, 주로 말리거나 염장하여 육수를 내고, 젓갈을 담아 먹는다.'
'…어려운 이웃 어르신과 가정에서 김치를 맛나게 먹는 모습을 상상하며 9톤에 달하는 김치를 담았다고 전한다.'

신문에서 본 글들인데, '담는, 담아, 담았다고'가 잘못이다. 〈표준국어대사전〉을 보자.

> **담다** ① 어떤 물건을 그릇 따위에 넣다.(쌀통에 쌀을 담다./ 술을 항아리에 담다./간장을 병에 담다./바구니에 나물을 가득 담다./…) ② 어떤 내용이나 사상을 그림, 글, 말, 표정 따위 속에 포함하거나 반영하다.(마음을 담은 편지….)
>
> **담그다** ① 액체 속에 넣다.(시냇물에 발을 담그다./개구리를 알코올에 담가 두다./…) ② 김치 · 술 · 장 · 젓갈 따위를 만드는 재료를 버무리거나 물을 부어서, 익거나 삭도록 그릇에 넣어 두다.(김치를 담그다./매실주를 담그다./된장을 담그다./이 젓갈은 6월에 잡은 새우로 담가서 육젓이라고 한다.)

여기서 '담다 ①'과 '담그다 ②'를 비교해 보면 '담는, 담아, 담았다고'가 '담그는, 담가, 담갔다고'의 잘못이라는 걸 알 수 있다. '담다'는 단순히 용기에 넣는 것이고, 발효 과정을 거치는 음식을 만드는 것은 '담그다'로 써야 하는 것. 그러니 '어제 담근 김장을 김치 통에 담아 아들네 집에 보냈다'처럼 써야 한다.

땡감을 따뜻한 소금물에 넣어 삭히면 떫은맛이 빠지고 맛있는 주전부리, 침감이 된다. 한데, 침감을 다른 말로 감김치라 부른 데서 알 수 있듯이, 감을 소금물에 삭히는 걸 '침(沈)담그다'라고 했는데, 역시 활용은 '침담그는, 침담가, 침담갔다고'로 한다. 이렇게 '-그다' 꼴 활용을 할 때 조심해야 할 게 있다.

〈차키 깜박하고 문 잠궈..폭염에 4살아이 차안에 갇혀〉

어느 경제신문 제목인데, 여기 나온 '잠궈'가 바로 그런 예다. '달궈, 떨궈, 일궈, 행궈' 따위가 눈에 익어서 그런지 '잠궈, 담궈'로 잘못 쓰는 예가 드물지 않은 것. 하지만 으뜸꼴(기본형)이 '잠그다'이니 '잠그는, 잠가, 잠갔다고'처럼 활용해야 한다. '김장 담궈' 역시 '김장 담가'라야 하는 것.

¶
헷갈리는 별 녀석들
조리다/졸이다, 벌리다/벌이다

'직접 다린 진한 고와 우유의 만남! 리얼라떼(대추/단팥/단호박/생강)'

어느 떡 전문점이 내건 광고문구인데, 잘못이 둘 있다. 먼저, 외래어 표기법에 따라 '라떼'는 '라테'로 써야 한다. 또 '다린'은 '달인'이라야 한다. '다리다'에는 '옷이나 천 따위의 주름이나 구김을 펴고 줄을 세우기 위하여 다리미나 인두로 문지르다'라는 뜻밖에 없다.

가게 주인이 하고 싶은 말은, 대추나 생강 따위를 직접 끓여서 고(膏: 식물이나 과일 따위를 끓여서 곤 즙)를 만들었다는 것일 터. '액체 따위를 끓여서 진하게 만들다, 약재 따위에 물을 부어 우러나도록 끓이다'라는 뜻이라면 '달이다'를 써야 한다.

비슷하게 헷갈리는 말로는 '조리다/졸이다'가 있다. '졸이다'는 찌개, 국, 한약 따위의 물을 증발시켜 분량이 적어지게 한다는 뜻이고, '조리다'는 '양념을 한 고기나 생선, 채소 따위를 국물에 넣고 바짝 끓여서 양념이 배어들게 하다'라는 뜻.

해서, 고사리와 무를 깔고 갈치를 얹어 '조려서' 만든 음식은 갈치조림이고, 이 음식이 좀 싱거울 땐 불에 얹어 '졸여서' 국물을 줄여야 한다. 어렵게 생각할 것 없이, 수분 날리는 걸

좋은 문장을 쓰고 싶다면

'졸이다'로 쓴다는 것만 기억하면 된다. 사실 누구라도 "국물을 졸였더니 바싹 졸아들었다"고 하지, "조렸더니, 조라들었다"고 하진 않으니 이런 걱정은 기우겠지만….

'벌리다/벌이다'도 헷갈려들 하지만, '벌리다'가 둘 사이를 넓히거나 열어젖힌다는 뜻이라는 것만 기억하면 어렵지 않다. 해서, '입, 팔, 틈, 밤송이' 따위는 벌려야 하고, '잔치, 장기판, 음식점' 따위는 벌이면 된다. 좌판은 벌여야 하고, 좌판에 놓인 쌀자루는 벌려야 한다. 그러니 '떠벌이다'는 '굉장한 규모로 차리다'가 되는 것.

다만, 비슷하게 생긴 '떠벌리다'가 '굉장한 크기로 벌리다'는 아니라는 점은 기억해야 한다. 이 말은 '이야기를 과장하여 늘어놓다'라는 뜻인데, '자주 수다스럽게 떠드는 사람을 낮잡아 이르는 말'인 '떠버리'와 쌍으로 기억하면 덜 헷갈리겠다. '떠벌리는 떠버리'라고….

교열기자의 속사정 3

오래전 퇴직한 회사 선배들은 현역 시절 술병을 기울여 마지막 한 방울까지 따르며 "일적 천금"이라는 농을 하곤 했다. '一滴 千金', 그러니까 한 방울이 천금같이 귀하다는 얘기였다. 저 말을 교열 업무에 맞게 바꿔 보자면 '일자(一字) 천금'쯤 될 터. 글자 하나를 천금같이 여기는 마음이라야 글을 제대로 깁고 바룰 수 있기에 하는 말이다.

퇴고·교정뿐만 아니라 교열까지 해야 하는 이유는 여럿이지만, 가장 중요한 건 글의 가치를 높이기 때문이다. 깔끔하고 멋들어진 문장은 때로 큰 감동을 주기도 한다.

'눈 오는 편백 숲속에 서면 나는 한없이 편안한 감정을 느끼게 된다.'

이 글을 '일자 천금' 정신으로 교열하자면, 우선 '숲속에'를 '숲에'로 바꿔야 한다. 편백 숲에 관한 이야기이니 굳이 '속'이라고까지 안 해도 되는 것. 화자를 밝히는 '나는'도 빼는 게 좋다. '편안한 감정-느낀다'도 중복 표현. 해서, 가다듬으면 이렇게 된다.

'눈 오는 편백 숲에 서면 한없이 편안하다.'

깔끔한 데다, 26자에서 16자로 글자 수까지 확 줄었다. 저렇게 아긴 지면만큼 독자에게는 다른 정보를 더 제공할 수 있는 것. 이게 바로 교열이 주는 짜릿한 맛이다. 손맛을 좀 더 보자.

'올해 복지 예산은 115조 7천억 원에 달한다. 9년 만에 두 배로 늘어난 수치다.'

이 기사 둘째 문장은 '9년 만에 배로 늘어났다'면 충분.

우리말에 들어 있는 이런 중언부언들을 따라가다 보면, 버터 냄새가 솔솔 나기도 한다. 일찍부터 배운 영어가 알게 모르게 우리 말글살이에 악영향을 끼친 것. 아래 문장을 번역해 보자.

"My husband and I split up last year."

직역하면 "나의 남편과 나는 작년에 갈라섰어"인데, 여기서 멈추면 고급스러운 우리말 화자가 되기는 어렵다. "남편과 나는 작년에 갈라섰어" 정도는 돼야 중급. "남편과는 작년에 갈라섰어"라야 고급스럽다. 다시 돌아가자.

*전 세계 500만 명의 사람들이→전 세계 500만 명이

*이들 기관들은→이들 기관은, 이 기관들은

*베일 속에 가려져 있다→베일에 가려 있다

알고 보면 이렇게나 쉽고, 간단하고, 짜릿하다. 이런 손맛, 알고 나면 정말 남 주기 아까울 지경이랄까.

¶

맞춤법만 약간 틀려도, 학교 시험 성적이 안 나오거나 수능 성적이
엉망이 되고, 취직에 지장을 받으며, 진급이 더딜 수도 있는가 하면,
실망한 여자 친구한테서 이별을 통보받을 수도 있다.

4장

내		문	장	이					
틀	렸	다	고	요	?				

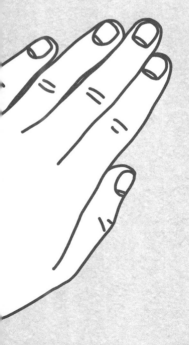

¶

단위어 바로 쓰기

'국내 원전 4곳이 사상 최악의 사고를 냈던 일본 후쿠시마 원전처럼 부지 한 곳에 원자로 여러 개가 밀집된 '다수호기(多數號機)' 원전이지만 이에 대한 위험성을 제대로 평가하지 않고 있다는 지적이 나왔다.'

인터넷에서 본 뉴스인데, '다수호기(多數號機)'라는 말이 거슬린다. 원전 업계에서 쓰는 말인 듯한데, 제대로 된 용어가 아니기 때문이다. 우선 원전을 세는 단위는 '호기'가 아니라 '기'다. 〈표준국어대사전〉을 보자.

기(基) ① 무덤, 비석, 탑 따위를 세는 단위.(묘역은 사방 십 리인지라 그 안에 있던 백성들의 가옥, 전답은 물론 수천 기의 조상 묏자리까지 빼앗겼으니…〈현기영, 변방에 우짖는 새〉) ② 원자로, 유도탄 따위를 세는 단위.(대륙 간 탄도 유도탄 12기./정부는 현재 43기의 원자력 발전소를 내년까지 55기로 늘려 국내 전력의 40%를 충당할 예정이다.)

반면 '호기'는, '예방정비를 마친 고리원전 3호기와 4호기가 내일 재가동된다'처럼 쓴다. 즉, 각각의 순서를 표시할 때 쓰는 말인 것. 그러니 '4개 호기, 다수호기' 따위 표현은 어색할 수밖에 없다. '우리 비행대대는 전투기 12개 호기로 편제돼 있다'처럼 쓰는 것과 다름없는 것. 아니면, '하나부터 열까지'를 '하나부터 십까지'나 '일부터 열까지'로 쓰는 것과 비슷하다고나 할까. 다시 예를 들자면, '우리 비행대대는 전투기 12기(대)로 편제돼 있다/우리 비행대대 3호기, 4호기는 지금 정비 중이다'처럼 전체 숫자를 셀 때는 '기', 각각의 순서를 나타낼 때는 '호기'로 구별해 써야 한다.

'4개 호기'는 '4기', '다수호기'는 '밀집 원전', '단일호기'는 '단일(단수) 원전'쯤으로 쓰면 될 터. 단위어를 정확히 쓰지 못하면, 언어능력을 의심받아도 할 말이 없게 된다.

'어획량이 늘면서 고공행진을 이어가던 오징어 가격도 크게 떨어졌다. 지난해 같은 기간 횟감용 살아있는 오징어는 위판장에서 한 축(20마리)에 최고 6만4000원까지 했다.'

어느 신문 기산데, 역시 어색한 부분이 있다. 한 축이 20마리라는 풀이까지는 좋았다. 문제는, '축'이 이 자리에서는 전혀 어울리지 않는다는 것. 표준사전을 보자.

좋은 문장을 쓰고 싶다면

축 오징어를 묶어 세는 단위. 한 축은 오징어 스무 마리를
이른다.

    살아 있는 횟감용 오징어를 '묶어서' 셀 리는 없으니 사실상
'축'은 마른오징어에만 쓰는 말이라는 얘기. 살아 있는 오징어
는 그냥 '마리'면 충분했다.

¶
낱말 하나 잘못 쓰는 바람에

'1983년 결혼 뒤 7년째 서로의 곁을 지켜온 '절친 커플' 신치용, 전미애 부부를 9일 경기 용인의 자택에서 만났다. 다섯 살 터울의 두 사람이 처음 만난 건 1980년 태릉선수촌에서였다.'

어느 신문에 실린 신치용 전 프로배구 삼성화재 감독 부부 인터뷰 가운데 한 구절인데, 알고 보면 낱말 하나 잘못 쓰는 바람에 신 전 감독 부부에게 몹쓸짓을 한 셈이 됐다. 〈표준국어대사전〉을 보자.

> **터울** 한 어머니로부터 먼저 태어난 아이와 그 다음에 태어난 아이와의 나이 차이. 또는 먼저 아이를 낳은 때로부터 다음 아이를 낳은 때까지의 사이.(터울이 지다./터울이 뜨다./형과 나는 두 살 터울이다./우리 위에는 한 살 터울의 수희 언니가 있었고, 그때 우린 몹시 가난했었기 때문에 나는 낳자마자 이모가 데려다 길렀다.〈박완서, 도시의 흉년〉/….)

좋은 문장을 쓰고 싶다면

이처럼 터울은, 한 어머니에게서 난 자식들 사이에만 쓰는 말이다.(표준사전에 따르면, 이복형제 간에도 쓸 수 없는 셈.) 그런 판에 '다섯 살 터울'이라 했으니, 부부를 친남매로 만들어 버린 셈이다. 한데, 이런 치명적인 실수는 신문·방송에서 드물지 않게 본다.

'제일 무섭다는 3년 터울.'

한국방송(KBS) '1박2일-특종 1박2일'편에 한국방송 기자들이 출연한 적 있는데, 저런 자막이 나왔다. 한국방송 기자들은 모두 형제자매란 얘기인지…. 어느 신문의 방송 프로그램 안내에는 이런 구절이 실렸다.

'황 할머니와 임 할머니는 한 살 터울 언니, 동생으로 한 마을에서 태어나 시집도 같은 마을로 왔다.'

이쯤 되면 세상 모든 사람이 형제자매가 될 판이다. 뭐, 그렇게 되면 나쁠 건 없겠다마는…. 아닌가?

''마산만 샛강 살리기 사업'이란 마산만의 수질을 근본적으로 개선하기 위해 마산만에 유입되는 하천 상류의 샛강부터 수생태계 환경을 개선하고자 주민주도로 추진되는 사업으로, 올해 4천만원의 사업비를 확보해 △지역주민 환경의식 교육 △물길조성 △쓰레기 수거 △수생식물 식재 등의 세부사업으로 추진된다.'

경남 창원시청이 낸 보도자료인데, 저기 나온 '샛강'은 그냥 지천이나 개천, 소하천일 뿐이다. 표준사전을 보자.

> **샛강** 큰 강의 줄기에서 한 줄기가 갈려 나가 중간에 섬을 이루고, 하류에 가서는 다시 본래의 큰 강에 합쳐지는 강.(샛강과는 달리 한강 본류의 물은 그런대로 맑잖고….〈이정환, 샛강〉)

즉, 본줄기에서 갈라졌다가 다시 합쳐지는 지천이 샛강인 것. 그래도 헷갈린다면, 큰길에서 벗어났다가 다시 만나게 되는 '샛길'을 생각하면 되겠다. 하여튼, 한쪽이 막힌 강은 샛강이 아닌 것이다.

'거의 완전히'는 어느 정도일까

'나(경원 자유한국당) 원내대표의 오해와 달리 한국당과 민주당은 경제정책에서 거의 완전히 동일하다.'

어느 신문 칼럼에 나온 구절이다. 한데 '거의 완전히'라는 표현이 재밌다. '거의'라면 완전하지 않고, '완전'하다면 '거의'는 설 자리가 없는데, 두 단어를 나란히 놓았다. 말장난일까. 확신이 없었을까.

하지만, 알고 보면 우리가 쓰는 말 가운데 사실과 다른 표현이나 말장난이 드물지 않다.

'올해 2분기 글로벌 스마트폰 시장이 역성장에 돌입한 가운데, 1위 삼성전자는 매출 점유율 기준 선방에 성공한 것으로 확인됐다.'

이 기사에 나온 '역성장'이 바로 대표적인 말장난이다. '성장'이 사람이나 동식물, 또는 사물의 규모나 세력 따위가 점점 커지는 걸 가리키니 그 반대는 '감소, 축소, 몰락, 감량'일 텐데, 굳이 '역-'이라는 접두사를 붙여서 이상한 말을 만들어냈다. '역성장'이라…. 그러면, 찬성은 '역반대', 상승은 '역하강',

증가는 '역감소', 도착은 '역출발'인가. 이런 이상한 말은 쓰지 않는 게 당연하듯이, 역성장이라는 말장난도 하지 않아야 한다. '역신장세'도 마찬가지. 축소세, 하락세, 감축세 따위로 쓰면 된다.

고속철도(KTX)를 탈 때마다 신경 쓰이는 일이 하나 있다. 출발하고 나서 곧 들려오는 안내 방송이다. "승객 여러분, 안녕하십니까. …저는 …기장 ○○○입니다"라는 방송이 거슬리는 건 '기장'이라는 말 때문이다. 기장? 〈표준국어대사전〉을 보자.

> **기장(機長)** 민간 항공기에서 승무원 가운데 최고 책임자. 흔히 정조종사가 기장이 된다.

사전 풀이가 이러함에도 한국철도공사는 일반철도 기관사 경력 3년 이상 직원 중에서 뽑는 고속철도 기관사를 'KTX기장'이라고 부른다. 다시 표준사전을 보자.

> **기관사** 일정한 자격을 갖추어 열차나 지하철, 선박, 항공기 따위의 기관을 다루거나 조종하는 사람.

다들 알다시피 열차를 모는 사람은 기관사라 한다. 굳이 저렇게 달리 불러서 일반철도 기관사와 구별해야 했을까. 〈에어

좋은 문장을 쓰고 싶다면

컨 고장난 운전실 기장 '마비'/KTX 탑승객 300여명 큰일날 뻔〉이라는 어느 신문 기사 부제목은 〈지난 3일 포항→서울 열차 기관사/40도 가까운 고온 노출된 채 운전…〉이었다. 같은 기사 제목에서조차 '기장, 기관사'가 섞여 쓰이는 일이 벌어지기도 했던 것. 사실, 기장이라 부른다고 더 높이 쳐주는 것도 아니고, 기관사라 한다고 더 낮추보는 것도 아니다. 되레 호칭 인플레는 대우는 제대로 안 하고 말만 번지르르하게 한다는 오해를 부르기 쉽다. 어지러운 호칭들이 제자리를 좀 찾았으면….

¶
허리춤이 어딘지 아시는지

세상은 (   )로 가득 차 있다.

괄호 안에 들어갈 말은 사람에 따라 제각각이겠지만, 교열 기자라면 '비문과 오·탈자'라고 답할 확률이 높겠다. 누구나 필자가 될 수 있는 시대인 만큼 오자도 기하급수로 늘어났다. 한때는 학습교재로 쓰였던 신문들마저, 그것도 주제목에서까지 주먹만 한 오자를 낸다. 말·글로 벌어먹는 언론 매체가 부정확한 말·글을 쓰는 건 자기부정이요, 제 밥그릇을 깨뜨리는 짓일 터.

'그는 국회의원 선거와 당대표 경선 모두 대규모 캠프를 통한 물량 공세 방식이 아닌 홀홀단신 선거방식을 택했고 그게 주효했다.'

이 기사에 나온 '홀홀단신'은 옳은 말이 아니다. 당연히, 국어사전에도 없다. 여기 써야 할 말은 '혈혈단신'. 〈표준국어대사전〉을 보자.

> **혈혈단신(孑孑單身)** 의지할 곳이 없는 외로운 홀몸.(이듬해
> 봄 첫아이를 보았다. 아들이었다. 반백 년을 혈혈단신으로 견뎌 온
> 처지에 얻은 혈육이니 세상에 둘도 없는 귀둥이일 수밖에.〈이문구,
> 해벽〉/그는 달리 갈 곳도, 가족도 없는 혈혈단신 외돌토리였다.〈최
> 인호, 지구인〉)

아들자(子) 자처럼 생긴 저 한자는 외로울 혈(孑) 자다. 그런
즉, 혈혈단신은 외롭고도 외로운 홀몸이라는 뜻이 된다. 헷갈
려하는 '홀홀단신'은 '홀로'나 접두사 '홀–'의 영향을 받은 듯
한데, 잘못이다.

'경찰에 따르면 이씨는 발견 당시 허리춤에 전깃줄로 묶은 사람 머
리 크기의 돌을 매달고 있었으며 유서는 발견되지 않았다.'
'섬 허리춤에 새로 생긴 해송길은 걷기도 편하지만, 솔향기가 상쾌
하다.'

이 기사들에 쓰인 '허리춤'도 번지수를 잘못 찾은 말이다. 표
준사전을 보자.

> **허리춤** 바지나 치마처럼 허리가 있는 옷의 허리 안쪽. 곧
> 그 옷과 속옷 또는 그 옷과 살의 사이.(허리춤을 추키다./허리
> 춤에 손을 찔러 넣다./담뱃대를 허리춤에 꽂다….)

즉, 허리춤은 옷과 속옷 사이, 혹은 옷과 살 사이를 가리키는 말이다. 어떤 물질이 아니라 공간인 것.(그러고 보면 '허리춤을 추키다'라는 표준사전 보기글도 어색하다.) 이 자리에는 '허리쯤' 정도가 와야 했다. 다시 표준사전을 보자.

허리쯤 허리나 허리춤의 근방.(선생의 기다란 두 팔이 다른 어느 때보다도 허리쯤에서 허전하게 흔들려 보이는 그런 순간이었다.〈이동하, 장난감 도시〉)

아니면 그냥 '허리'나 '허리께'로도 충분했는데, 괜히 멋 부리다가 망한 셈이다. 글 쓰다 망하지 않으려면, 사전 찾기를 게을리하지 않을 것. 시대가 바뀌어도 변하지 않을 원칙이다.

¶
오자도 오보

신뢰 없는 언론. 사실 이 말은 형용모순이다. 신뢰가 없으면 언론이라 부르기 민망하고, 언론이라면 당연히 신뢰가 바탕에 깔려야 하기 때문이다. 하기야 어디, 언론뿐이랴. 서점에서 『잠깐 다녀오겠습니다』라는 여행 책을 펼쳤다가 부산 '김민부전망대'를 3번이나 '김부민전망대'라 쓴 걸 보고는 가만히 내려놓은 적 있다. 기본이라 할 고유명사조차 틀린 책이라면 다른 건 더 볼 게 없다 싶었기 때문이다. 맞춤법을 자꾸만 틀리는 이성에게 별로 끌리지 않는다는 여론조사 결과도 같은 맥락일 터. 다시 언론으로 돌아가자.

〈페북·구글도 멸종한 맘모스처럼 되지 말라는 법 없다〉

어느 신문 제목인데, 본문에도 '코끼리보다 두세 배나 큰 맘모스'라는 구절이 보인다. 하지만 '맘모스'는 잘못. 〈표준국어대사전〉을 보자.

맘모스 → 매머드.

이게 무슨 뜻이냐 하면, 맘모스라는 말은 틀렸으니 '매머드'
를 찾아보라는 얘기다.

매머드(mammoth) 코끼릿과의 화석 포유류. 몸의 길이는 4
미터 정도이며, 털로 덮였고 굽은 엄니가 있다. 4만 년 전부
터 1만 년 전까지 생존하였던 동물로, 시베리아에서 화석으
로 발견된다. 유라시아, 북아메리카 등지에 분포한다. =고
상, 마몬트, 원상.

이렇게, 이젠 화석으로만 남아 있는 코끼릿과 동물은 '매머
드'로 써야 한다.('매머스'로 써야 하지만 관용 표기를 인정해 '매머드'
로 표기.) 맘모스는 일본에서 온 말. 일본은 'マンモス(만모스)'
로 쓴다.

'조(미예) 기자가 야구장 러닝트랙에서 카메라를 들고 브이자를 그
려 보이고 있다.'

윗글은 어느 신문에 실린 사진설명이다. 이 신문은 이날 미
국 메이저리그를 취재하는 한국 기자를 인터뷰해 1·4·5면에
걸쳐 커버스토리로 실었다. 한데, 저렇게 애써서 여러 면에 실

은 기사가 사진설명에 나온 오자 하나 때문에 그만 신뢰도가 떨어지고 만 셈. 틀린 말은 '러닝트랙'이다.

야구장 외야, 어떤 구장은 내야에까지 잔디가 깔려 있다. 한데, 좌익수 뒤쪽에서 우익수 뒤쪽까지 펜스 앞 너비 3m 정도는 잔디 없이 맨땅으로 만들어 놓는다. 야수가 공을 잡으려고 펜스 쪽으로 뛰어갈 때 펜스가 가까이 있다는 걸 경고하기 위해 만든 것. 그래서, 이 지역은 '워닝 트랙(warning track)'이라 부른다.(굳이 '러닝 트랙'이라면, 선수들이 경기에 나서기 전에 몸을 풀려고 뛰는 양쪽 파울 선 바깥 지역쯤?)

따지고 보면 '오자도 오보'일 터. 언론이 글자 한 자도 소홀히 해서는 안 되는 이유다.

¶
깨금발은 사람에게만

'강아지가 깨금발을 딛어요.'

어느 동물병원 홈페이지에 실린 글귀인데, 두 가지 잘못이 있다.

먼저 '딛어요'. 우리 표준어 사정 원칙 제16항은 '머물다, 서둘다, 서툴다'를 '머무르다, 서두르다, 서투르다'의 준말로 소개한 뒤 '모음 어미가 연결될 때에는 준말의 활용형을 인정하지 않음'이라는 단서를 달아 놓았다. '머물어, 서둘어, 서툴어'로 쓰면 안 된다는 얘기다. 여기서 유추하면 '(가지다→)갖다'를 활용할 때도 '갖어, 갖으면, 갖은, 갖음'으로 활용할 수 없다. 그러니 '(디디다→)딛다' 역시 '딛어, 딛으면, 딛은, 딛음'으로 활용해서는 안 된다. '딛어요'는 '디뎌요'라야 했던 것.

다음 잘못은 '깨금발'. 〈표준국어대사전〉을 보자.

깨금발 한 발을 들고 한 발로 섬. 또는 그런 자세. =깨끼발.(몸놀림이 잽싼 아이들은 시멘트 부대에 가득 석탄을 팔에 안고 낮은 철조망을 깨금발로 뛰어넘었다.〈오정희, 중국인 거리〉)

한 발은 들고 (나머지)한 발로 섰다고 하니, 엄격히 따지자면 두발짐승이나 사람에게만 쓸 수 있는 셈이다. 게다가, 깨금발은 그냥 한 발로 선 자세를 가리키므로 움직임이 없다. 결국, 강아지에게는 '깨금발'도, '딛어요'도 어울리지 않았던 것.

표준사전 풀이에서 보듯이, 깨금발은 '깨끼발'이라고도 한다. '앙감발'도 같은 말. 표준사전을 보자.

앙감발 앙감질하기 위하여 한 발은 들고 한 발로만 선 자세.

이렇게 한 발로 선 자세에서 뛰면 '앙감질'이 된다.

앙감질 한 발은 들고 한 발로만 뛰는 짓.(아이가 발등을 돌에 찧고 나서 동동거리며 앙감질만 해 댄다./개똥 묻은 게다짝의 오른발을 들고 앙감질로 뛰면서 깔깔대고 웃었다.〈문순태, 타오르는 강〉)

이렇게 한 발로 걷는 걸음걸이를 '깽깽이걸음'이라고도 한다.

깽깽이걸음 앙감질하여 걷는 걸음걸이.(한쪽 다리가 부러졌으나 그래도 그는 깽깽이걸음으로 일행의 뒤를 따랐다.)

간혹 깨금발이나 앙감질은 까치발을 잘못 쓴 것이라는 이가 있으나, 그렇지 않다. '발뒤꿈치를 든 발'을 까치발이라 하는데, 그런 상태라면 두 발끝이 땅에 붙어 있어야 하므로 깨금발이나 앙감질과 다른 것.

그런데 여담이지만, 깨금발 보기글에 나온 '철조망을 깨금발로 뛰어넘었다'는, 맞는 말일까. 뛰는 순간 앙감질이 되는데…. 게다가, 그냥 두 발로 달려서 뛰어넘는 게 더 쉬운데 아이들은 왜 굳이 깨금발을 했다가 철조망을 뛰어넘었을까.

좋은 문장을 쓰고 싶다면

¶
겹치지 않아도 충분하다

'정부는 지난 7월말 밥쌀용 수입산 쌀 3만t을 구매하겠다는 공고를 냈습니다. 정부는 "수입산 밥쌀용 쌀에 대한 국내 수요가 있다"며 "쌀 관세율 협상 등 주변국과의 외교적 마찰을 줄이기 위해 불가피한 선택"이라는 입장입니다.'

어느 신문 기사인데, '수입산 밥쌀용 쌀'이라는 말은 좀 이상하다. 먼저 '수입산'이 어색한 것은 접미사 '-산(産)'이 주로 지역(밀양산. 독일산)이나 연도(1988년산)에 붙기 때문이다. 게다가 문맥을 보면 굳이 필요한 말도 아니어서 '수입산'은 '수입'으로만 써도 됐다. '밥쌀용 쌀'도 부드럽지 않다. 밥쌀이 '밥을 지을 쌀', 그러니까 '밥용 쌀'인데, 여기에 다시 용도를 뜻하는 접미사 '-용(用)'을 붙여 놓으니 겹말이 된 셈. 결국 '수입산 밥쌀용 쌀'은 '수입 밥쌀'로만 써도 충분했다.

우리 주변엔 이처럼 중복된 표현이나 겹말이 적지 않다. 아래 기사 제목들을 보자.

〈여성운전자 접촉사고 낸 뒤 돈 뜯은 전과 14범 영업용 택시기사〉
〈영업용택시 수익금 상습적으로 털어온 10대 4명 경찰에 검거〉

두 제목에 같이 나온 '영업용 택시' 역시 '택시'만으로도 충분했다. '자가용 택시'가 있을 수 없으니 택시 앞에 붙인 '영업용'은 쓸데없었던 것.

〈전기히터에 수면잠옷, 뽁뽁이까지…벌써 월동준비?〉

어느 경제신문 제목인데, 여기 나온 '수면잠옷'도 중복 표현이다. '수면=잠'이니 수면옷이 바로 잠옷 아닌가. '수면바지' 때문에 헷갈린 듯하다.

설이나 추석을 앞두고 자주 보이는 말이 '제수용품'이다. 대목이면 언론 매체마다 이 말을 많이 쓴다. 하지만, 역시 겹말이다. 사전을 보자.

> **제수(祭需)** ① 제사에 드는 여러 가지 재료. ② =제물(祭物).
> **용품** 어떤 일이나 목적과 관련하여 쓰이는 물품.

즉, 제사에 쓰는 여러 가지 재료나 제물을 제수라 하므로, 제수는 다른 말로 '제사용품'이 된다. 그러니 '제수용품'은 '제사용품용품'인 셈. 굳이 '용품'을 쓰고 싶다면 '제사용품, 차례용품' 정도면 될 터.

좋은 문장을 쓰고 싶다면

함께 쓸 수 없는 말

"고소하고 담백해요!!"

음식점에서 한 손님이 이렇게 외친다. 텔레비전 맛집 프로에서 흔히 보는 장면이다. 하지만 이 손님, 제정신이 아니다. 사전을 보자.

고소하다 볶은 깨, 참기름 따위에서 나는 맛이나 냄새와 같다.(나물을 무칠 때는 참기름이 들어가야 고소한 맛이 나고 좋다./어디서 깨를 볶는지 고소한 냄새가 풍겨 온다./…)

담백(淡白)하다 ① 욕심이 없고 마음이 깨끗하다. ② 아무맛이 없이 싱겁다.(이 집의 반찬 맛은 담백하다.) ③ 음식이 느끼하지 않고 산뜻하다.(담백한 음식/옥수수는 맛이 담백하고 이용 범위가 넓다.)…

이러니, '고소하다/담백하다'는 의미가 충돌한다는 걸 한눈에 알 수 있다. '성적이 나쁜 우등생'이나 '키가 작고 늘씬하다'와 같은 항렬인 것.

한데, 정확한 말만 쓸 것 같은 언론도 제정신이 아닐 때가 많다. 아래 기사를 보자.

'17일 오전 5시24분쯤 서울 서대문구 연희동 내부순환도로에서 3중 충돌사고가 났다.…A씨의 차량이 조모(30)씨의 소나타 승용차를 들이 받고 중앙분리대를 넘어 마주오던 서모(58)씨의 택시와 충돌해 모두 3명이 다쳤다.'

사고가 난 차는 'A씨의 차와 소나타, 택시'로 모두 3대다. 먼저 A씨 차가 '소나타'를 받은 뒤에 택시와 충돌했다. 충돌이 두 번 일어난 것. 그러니 '2중 충돌'이지, '3중 충돌'은 될 수가 없다.

'가족 동반자살 사건이 잇따르고 있다. 2일 오후 ○시○분께 ○○시 ○○동의 한 아파트 화단에서 ㄱ 씨와 아들이 숨진 채 발견됐다.…또 경기도 ○○에서는 3일 오전 ○시○분께 ○○읍의 한 다세대주택에서 ㄴ 씨가 딸, 아들과 함께 숨져 있는 것을 부인이 발견했다.'

흔히 쓰는 '가족 동반 자살'도 조심히 다뤄야 할 말이다. '동반'과 '자살'이 모두 충족되지 않아도 생각 없이 쓰는 일이 많기 때문이다. 이 기사에서도 두 사례 모두 어린 아들이 함께 숨겼는데, 이건 살해당한 것이라고 생각할 수밖에 없다. 숨진 아이들을 위해서라도 쉽사리 쓸 말이 아닌 것.

좋은 문장을 쓰고 싶다면

아래는 제주 소년 오연준이 눈물 날 만큼 아름다운 목소리로 부른 노래 '바람의 빛깔'의 한 구절이다.

'…얼마나 크게 될지/나무를 베면 알 수가 없죠….'

¶
틀리기 쉬운 한자말

"사정이 그렇다니, 그 일은 천상 내가 하는 수밖에 없겠네!"

흔히 이렇게들 이야기하지만, 여기서 '천상'은 옳지 않은 말이다. 이렇게 쓰일 만한 '천상'이 국어사전엔 없기 때문이다.

> **천상(天上)** 하늘 위.
> **천상(天常)** 유학에서, 하늘이 정한 인간의 도리. 곧 군신, 상하, 존비 따위의 관계에서 지켜야 할 질서를 이른다.
> **천상(天象)** 천체가 변화하는 여러 현상.
> **천상(天賞)** ① 하늘이 내린 상. ② 착한 일에 대한 하늘의 은혜.

보다시피 〈표준국어대사전〉엔 이렇게만 나온다. 그러면 천상 대신 뭘 써야 할까. 답은 그 부근에 있다.

천생(天生) [Ⅰ]「명사」하늘로부터 타고남. 또는 그런 바탕.(가혹한 수탈에 천생의 농사꾼도 마침내 땅을 버릴 어려운 결심을 한 것이었다.〈박완서, 미망〉…) [Ⅱ]「부사」① 타고난 것처럼 아주.(천생 여자처럼 생겼다./학생의 이름과 특징을 하나하나 다 기억하고 있는 걸 보면 그는 천생 선생님이다.…) ② 이미 정하여진 것처럼 어쩔 수 없이.(차가 없으니 천생 걸어갈 수밖에 없다./아무도 갈 사람이 없다면 천생 내가 가야겠구나.)

이 가운데 [Ⅱ]의 ②가 바로 저 자리에 딱 맞는 풀이다. [Ⅱ]의 ① 풀이도 눈여겨봐야 한다. 〈'천상배우' 고현정 VS. '천상스타' 이영애〉〈박해진, 中드라마 속 액션연기+부상투혼..천상배우〉처럼, 잘못 쓴 기사 제목들을 쉽게 볼 수 있기에 하는 말이다.

'방송프로그램 '1박2일'의 백미는 식(食)과 주(住)가 관련된 복걸복이다. 식과 주가 보편 일상이며 승자독식 서바이벌게임이 신자유주의적인 우리 현실을 이야기하기 때문일 것이다.'

어느 신문에 실린 글인데, 저기 나온 '복걸복'도 껄끄럽다. 흔히들 쓰지만 역시 비표준어이기 때문이다. 혹은 '복질복'이라고도 하는데, 바른 표기는 '복불복'이다. 표준사전을 보자.

복불복(福不福) 복분(福分)의 좋고 좋지 않음이라는 뜻으로, 사람의 운수를 이르는 말.

'설엔 과식하기 쉽상이다'에 나온 '쉽상' 역시 '십상(十常)'의 잘못. 십상은 '십상팔구(十常八九)'와 같은 말로, '열에 여덟이나 아홉'일 정도로 거의 예외가 없다는 뜻이다. '천생, 복불복'처럼 한자말이라는 걸 염두에 두고 있으면 되레 틀리기가 쉽지 않을 터.

줄임말 법칙

"대책 없이 악수하고, 사진 찍고 몇 만원치 회 먹고 가면 경기가 살게 되느냐."

예전에 콜레라 때문에 손님이 확 줄자, 시장 상인들의 목소리라며 어느 신문이 실은 기사다. 한데, 여기 나온 '몇 만원치'는 잘못. 〈표준국어대사전〉을 보자.

> **치** 「의존명사」일정한 몫이나 양.(한 달 치의 식량./세 명 치의 임금을 받았다.)
> **-치** 「접사」(일부 명사 또는 명사형 뒤에 붙어)'물건'의 뜻을 더하는 접미사.(날림치./당년치./중간치./버림치.)

쓰임이 비슷한 것으로는 이 정도가 나오는데, 둘 다 '몇 만원치'의 '치'에 해당하는 말은 아니다. 저 자리에 '치' 대신 쓰여야 할 말은 접사 '-어치'. 다시 표준사전을 보자.

-어치 「접사」 (금액을 나타내는 명사 또는 명사구 뒤에 붙어)'그 값에 해당하는 분량'의 뜻을 더하는 접미사.(한 푼어치./천 원 어치./얼마어치.)

이러니 '몇 만원치'는 '몇만 원어치'로 써야 띄어쓰기까지 정확해진다.

글자 수를 줄이려는 욕심에 요즘도 신문에서는 〈롯데껌, 49년 동안 300억 통 4조 원치 판매〉 같은 제목이 종종 보인다. 하지만 줄이는 데도 법칙이 있다. 아무 말이나 다 줄일 수도 없을뿐더러, 줄이더라도 규범에 맞게 해야 하는 것이다.

① "야 임마, 너 계속 이렇게 할 거야!"

흔히들 쓰는 저 '임마'는 근거가 없는 말이다. 이 인용문에서는 '인마'가 쓰여야 한다. '이놈아'가 줄어든 말.

② 〈기초연금 줬다가 다시 뺐는 황당한 복지부〉

이 제목에서는 '뺐는'이 틀렸다. '빼앗는'을 줄인 말은 '뺐는'이 아니라 '뺏는'이다. '빼앗+는'이 줄어들었기 때문이다. 가만히 따져 보면 받침 'ㅆ'이 난데없이 튀어나왔다는 걸 알 수 있다.

③ 〈실망스런 아베 담화…한-일관계 국면전환 기대 물건너가〉

　여기서는 '실망스런'이 잘못이다. '실망스럽+은'에서 어간
의 끝소리 'ㅂ'은 '우'로 바뀌므로 '실망스러운'으로 써야 한다.
'돕+은/곱+은'을 '도운/고운'으로는 쓰지만 '돈/곤'으로 쓰지
않는 데서도 알 수 있듯이, 어간 끝소리 'ㅂ'은 꼴이 바뀔지언
정 줄어들지는 않는다.
　결국, '자랑스런 ○○상'은, 알고 보면 이름이 별로 자랑스럽
지 못한 상인 것이다.

¶
스키는 활강, 비행기는 활공

'신발 분실 시 책임을 지지 않습니다. –주인장'

　어느 음식점에 붙어 있는 글인데, 생각할 게 두 가지 있다. 첫째, 손님 신발 분실 책임은 원칙적으로 음식점 주인이 져야 한다. CCTV가 있는지, 잠글 수 있는 보관함을 설치해 뒀는지에 따라 변상조건이 달라질 수는 있겠지만, 저렇게 써 놓는다고 완전히 면책되지는 않는다. 둘째, '주인장'은 '주인'을 높여 부르는 말이므로 스스로를 가리키거나 부르는 말이 아니다. "제가 그 아이의 아버님입니다"라고 하지 않듯이…. 남들이 저렇게 부른다고 해도 "아이고, 주인장이라뇨!"라며 겸손해해야 할 일인 것. 이때는 '주인장' 대신 그냥 '주인백'이라고 하면 된다. 여기서 '–백(白)'은 말씀드린다는 뜻을 나타내는 접미사.
　한데, 알고 보면 이렇게 엉뚱하게 쓰이는 말이 드물지 않다.

'안면도 곳곳의 아름다운 해변에서는 무게가 225㎏에 불과한 초경량 비행기가 뜨고 내린다. 단 두 사람만 탑승할 수 있으며 날개가 긴 글라이더 형태이기 때문에 엔진이 꺼져도 무동력으로 활강과 착륙이 가능하다.'

　　　　　　　　　　　　　좋은 문장을 쓰고 싶다면

어느 신문 기사인데, 엉뚱한 말이 끼어 있다. 〈표준국어대사전〉을 보자.

> **활강(滑降)** ① 비탈진 곳을 미끄러져 내려오거나 내려감.
> ② =활강 경기.
> **활강하다(滑降-)** 비탈진 곳을 미끄러져 내려오거나 내려가
> 다.(그 선수는 경사진 눈밭을 아슬아슬하게 활강하였다.)

보다시피 틀린 말은 '활강'이다. 스키 선수가 경사진 슬로프를 내려오는 거라면 몰라도, 하늘에서 비스듬히 내려오는 걸 활강이라 부르면 안 된다는 얘기다. 하늘에 비탈진 곳이 어디 있겠는가. 아래 표준사전 뜻풀이에서 보듯이, 비행기가 무동력으로 하강하는 건 '활공'으로 불러야 한다.

> **활공(滑空)** ① 새가 날개를 움직이지 아니하고 낢.(도요새가 강 위에서 활공으로 미끄러져 내려오고 있었다.) ② 항공기 따위가 공중에서 발동이 꺼져 있거나 극히 약하게 작동하는 상태에서 지면을 향하여 어떤 경사를 이루며 하강함. 또는 그런 일. =공중활공 · 공중활주 · 글라이딩.

기사 제목 〈제주 부동산, 끝물에 접어들었나?〉〈겨울 추위

끝물..평년기온 회복한다〉에 쓰인 '끝물' 역시 엉뚱한 말이다. '과일, 푸성귀, 해산물 따위에서 그 해의 맨 나중에 나는 것'이라는 표준사전 뜻풀이에서 보듯이, 끝물은 주로 '농수산물 따위'를 가리키므로 부동산 경기나 추위에 쓰기는 어색한 것. '막바지'쯤으로 바꾸면 무난하겠다.

¶
잘못 사용하는 사자성어

"오늘 꼭 참석하고 싶었는데, 내가 할 일이 깊은 산속이라… 미안해."

"대체 무슨 소리야!" 하는 소리가 절로 나올 만한 말이다. 하지만, 저렇게 말하는 이가 드물지 않다.

'새 대통령이 당장 맞닥뜨릴 북핵 위기, 사드 갈등, 미중일 문제만 해도 첩첩산중이다.'

여기 나온 '첩첩산중'은 '여러 겹 겹쳐 있다'는 뜻이 아니라 '여러 산이 겹치고 겹친 산속', 그러니까 '깊은 산속'이라는 말이다. '여러 문제'라면 첩첩산중이 아니라 첩첩이라야 했던 것.

"산수갑산에 가는 한이 있더라도 꼭 해야겠어."

여기 나온 산수갑산은 '삼수갑산(三水甲山)'을 잘못 쓴 말이다. 삼수와 갑산은 각각 함경남도에 있는 군 이름. 이 둘이 결합해 '삼수갑산에 가는 한이 있어도'라는 관용어가 되면 '자신에게 닥쳐올 어떤 위험도 무릅쓰고라도 어떤 일을 단행할 때 하는 말'이 된다. 한자말 쓰는 어려움이 바로 이런 데 있다. 첩첩산중은 말뜻을, 산수갑산은 말 자체를 잘못 알아 빚어낸 실수다.

'금융통화위원으로 내정된 강명헌 단국대 교수는 3일 "경제 살리기는 절대절명의 과제"라고 말했다.'

이 기사에 나온 '절대절명' 역시 말을 잘못 알아서 빚은 실수다. 〈표준국어대사전〉을 보자.

절대절명 → 절체절명.
절체절명(絶體絶命) 몸도 목숨도 다 되었다는 뜻으로, 어찌할 수 없는 절박한 경우를 비유적으로 이르는 말.(절체절명의 위기…)

그러니까, 절대절명은 절체절명의 잘못이라는 얘기다. 이 말보다 더 많이들 틀리는 말로는 '양동작전'이 있다.

'산불을 진화 중인 산림당국은 공중과 지상 양동작전을 펼치기 위해 장비와 인력을 총동원했습니다.'

양동작전이 뭐가 이상하냐고? 표준사전을 보자.

양동작전(陽動作戰) 적의 경계를 분산시키기 위하여, 실제 전투는 하지 아니하지만 병력이나 장비를 기동함으로써 마치 공격할 것처럼 보여 적을 속이는 작전.

인천 상륙작전을 펴기 위해 원산에 폭격을 퍼부은 것이 바로 양동작전, 그러니까 기만작전이다. 양동작전은 '양면작전'이 아닌 것.

¶
허리 뚝 자른 반 토막짜리 표현들

〈"디바스 라이브"…'판듀2' 인순이X에일리X바다, 역대급 콜라보〉
〈'판듀2' 박정현X송소희, '나 가거든'으로 역대급 컬래버…'소름 무대'〉

앞은 어느 스포츠신문, 뒤는 어느 경제신문에 실린 기사 제목인데, '역대급 콜라보/역대급 컬래버'에 눈길이 간다. 왜 '콜라보/컬래버'로 표기가 다를까. 영어 원어는 collaboration으로, 외래어 표기법에 따르면 '컬래버레이션'. 이걸 억지로 줄여 쓰면 '컬래버'가 된다.

한데, 궁금해진다. 협력, 협업, 합작이나 공동 작업으로 쓰면 전달도 쉽고, 표기 논란도 없앨 수 있는데 왜 저렇게 외국말을 고집할까. 그것도 허리를 뚝 자른 반 토막짜리 영어를.

단언하건대 외국말 써 버릇하는 큰 이유는 외국말 실력을 자랑하려는 의도가 있거나 우리말 어휘력이 달려서일 것이다. 게다가 '듣는 사람이야 알아듣든 말든'이라는 생각도 살짝 깔려 있을 터. 그러니, 쓰지 않아도 될 자리에 외국말을, 그것도 언론이 즐겨 쓸 땐 대놓고 비웃어도 된다. 그게 잘못을 바로잡는 방법이기도 하거니와, 세계에서도 드물게 제 나라 말과 문자를 함께 가진 사람으로서 자부심을 지켜 내는 길이기도 하다.

첫머리 신문 제목들에서 짚어야 할 건 하나 더 있다. 바로 '역대급'이라는 표현.

> **역대급(歷代級)** 대대로 이어 내려온 여러 대 가운데 상당히 높은 수준에 있는 등급.

비록 국립국어원이 운영하는 개방형 국어사전 〈우리말샘〉에 저렇게 실려 있지만, 아직 규범 문법에서는 받아들일 수 없는 말이다. '대대로 이어 내려온 여러 대. 또는 그동안'이라는 뜻의 '역대'에 '그에 준하는'의 뜻을 더하는 접미사 '-급'을 붙여서는 말뜻이 통하지 않기 때문이다. 이 접미사는 '국보급, 회장급, 전문가급'처럼 쓴다. 그러니 '역대급'은 '역대 최상급, 역대 최하급, 역대 최고급, 역대 최저급'처럼 써야 제대로 된 용법인 것.

글자 수 제약이 심한 신문들이 종종 이렇게 과도한 생략을 하는데, 가장 대표적인 게 아래 제목에 나온 '이산상봉'이다.

〈이산상봉 정례화..북한 호응이 관건〉

글자 두 자를 더 넣기 힘들다고 '이산가족 상봉'을 줄여 '이산상봉'이라고들 쓰지만, '이산(離散)'에는 '헤어져 흩어짐'이라는 뜻만 있지, 가족은 들어 있지 않다. 없는 걸 있다고 하는 건 거짓말이거나 사기일 뿐.

¶
국어사전을 한 번만 들춰 봤더라면

〈"나이들어 덥썩 투자 낭패 볼수도..고령자 금융투자 팁 아시나
요?"〉
〈YG 합류 유병재, '시크릿 보더니 쌍코피가..주루룩'〉

이 제목들에 나온 부사 '덥썩, 주루룩'은 틀렸다. '덥석, 주르
륵'으로 쓰게 돼 있기 때문이다. '뭐가 그래!' 싶겠지만, 그게
약속이다. 다들 아시겠지만, '언어는 약속'이다. 중국에서는 시
과, 일본에서는 스이카, 이탈리아에서는 코코메로, 미국에서는
워터멜론이라 하고, 우리가 수박이라고 부르는 것은, 제각각
약속을 그렇게 했기 때문인 것.
이러한 약속은, 우리가 각자 그렇게 쓰겠다고 하진 않았지
만, 어기면 가혹한 결과가 따를 수도 있다. 수박을 참외라 부
르는 정도가 아니라 맞춤법만 약간 틀려도, 학교 시험 성적이
안 나오거나 수능 성적이 엉망이 되고, 취직에 지장을 받으며,
진급이 더딜 수도 있는가 하면, 실망한 여자 친구한테서 이별
을 통보받을 수도 있다. '약속'을 몇 개 보자.

〈'신고 한 번 뛰면 다이아몬드가 후두둑' 호날두, 다이아몬드 축구화〉

좋은 문장을 쓰고 싶다면

〈[르포] 집 바로 뒤 산비탈, 80대 노인 손만 대도 돌이 '후두둑'〉

　이 제목들에 나온 '후두둑'을 〈표준국어대사전〉에서 찾아보면 이렇다.

후두둑 → 후드득.

　그러니까, 굵은 빗방울 따위가 성기게 떨어지는 소리를 나타내는 말은 '후두둑'이 아니라 '후드득'으로 써야 한다는 말이다. 반면 '빗방울이나 우박 따위가 세차게 떨어지는 소리. 또는 그 모양'은 '우드득'이 아니라 '우두둑'으로 써야 하고….

　'푸드득.'

　이건 어느 음식 쇼핑몰 이름이다. 'food(푸드)+得(득)'이라는 뜻이라고…. 한데, 표준사전에 나온 뜻풀이는 이렇다.

푸드득 ① 든든하고 질기거나 번드러운 물건을 되게 문지르거나 마주 갈 때 나는 소리. '부드득'보다 거센 느낌을 준다. ② 무른 똥을 힘들여 눌 때 나는 소리. '부드득'보다 거센 느낌을 준다.

이럴 땐 차라리 '말뜻을 몰랐더라면' 싶은데, 어쨌거나, '푸
드득'은 저런 뜻이 있는 의성어다. 이름을 정할 때 국어사전을
한 번만 들춰 봤더라면…. 비슷하게 똥 누는 소리를 나타내는
말로는 이런 것들도 있다.

'바드득, 빠드득, 파드득, 보드득, 뽀드득, 포드득, 부드득,
뿌드득, 부두둑, 뿌두둑, 푸두둑.'

좋은 문장을 쓰고 싶다면

사람에게만 쓰는 말, 사람에게 쓸 수 없는 말

'우리나라 젖소의… 출산월령을 조사한 결과, 3개월 정도 늦은 27.5개월령인 것으로 나타나… 육성우 시기에 발육 속도 조절이 미흡해 첫 임신 시기가 늦어졌기 때문인 것으로 분석된다.'

이 기사에 나온 '임신'은, 예전 같으면 틀린 말이다. 하지만 '아이를 배는 것'이라던 사전 뜻풀이가 '아이나 새끼를 뱀'으로 바뀌면서 동물에게도 쓸 수 있게 됐다. 그럼에도 아직 동물에게 쓸 수 없는 말은 적지 않다. 〈표준국어대사전〉을 보자.

출산(出産) 아이를 낳음.=해산(解産).
해산(解産) 아이를 낳음.

이러니, 출산이나 해산은 동물에게 쓰면 안 된다. 이런 말들도 마찬가지.

분만(分娩) 아이를 낳음.=해산(解産).

탄생(誕生) 사람이 태어남.

사망(死亡) 사람이 죽음.

하긴 뭐, 아무리 가족 같았더라도, "우리 개가 사망했다"고 하지는 않을 터. 아래는 어느 앵커가 한 말인데, '존경'을 잘못 썼다.

"우리나라 사람들이 가장 존경하는 직업은 무엇일까요? 최근 한 대학 연구소가 조사한 결과를 보면 1위가 소방관입니다."

표준사전은 존경을 '남의 인격, 사상, 행위 따위를 받들어 공경함'으로 풀이한다. 직업 자체는 존경할 대상이 아니어서 사람에게만 써야 하는 것.

〈포항시시설관리공단, 신규 직원 대상 현장견학 실시〉

반면, 이 제목에 쓰인 '신규'는 사람에게 쓸 말이 아니다. 표준사전을 보자.

좋은 문장을 쓰고 싶다면

신규 ① 새로운 규칙이나 규정. ② 새로이 하는 일.(신규 가입/신규 채용/올해 신규로 설립된 학교가 대폭 늘어났다.)

아래 기사에 나온 '조련사'도 알고 보면 적절치 않은 말.

'올 시즌 KBO리그를 빛내고 있는 '영건'들이 예상대로 선동열 한국 야구대표팀 감독의 선택을 받았다. 시행착오를 겪으면서도 무럭무럭 자라나고 있는 젊은 투수들은 '명투수 조련사'인 선 감독의 시선을 사로잡았다.'

흔히 이렇게 '투수 조련사'처럼 쓰지만, 표준사전 뜻풀이를 보면 프로야구 지도자에게 선뜻 쓸 수는 없는 말이라는 걸 알 수 있다.

조련사 개, 돌고래, 코끼리 따위의 동물에게 재주를 가르치고 훈련시키는 사람.

걸핏하면 감독과 선수를 '사제지간'이라고 부르는 것도 좀 지나쳐 보이지만, 직업 운동선수를 가르치는 사람더러 '조련사'라 부르는 것도 별로 적절치 않은 셈이다.

¶
지칭어와 호칭어

"부모님, 사랑합니다."

프로야구 신인왕이 된 어느 선수가 수상 소감을 이렇게 밝혔는데, 뭔가 이상하다. 뭐가 잘못된 걸까. 〈표준국어대사전〉을 보자.

> **부모님** '부모'를 높여 이르는 말.(부모님의 은혜에 보답하다.)

여기서 놓치지 말아야 할 게 바로 '이르는 말'이다. 한자말로 하면 '지칭어'가 된다. 표준사전을 보자.

> **지칭어** 사람이나 사물을 가리켜 이르는 말.

반면 '부르는 말'은 '호칭어'다.

좋은 문장을 쓰고 싶다면

호칭어 사람이나 사물을 부르는 말. '아버지', '어머니', '여보' 따위가 있다.

한데, 표준사전 뜻풀이를 보면, '이르는 말'이나 '부르는 말' 외에 '이르거나 부르는 말'도 나온다.

아버지 ① 자기를 낳아 준 남자를 이르거나 부르는 말.(아버지가 되다./아버지를 찾다./아버지의 얼굴을 떠올리다….) ② 자녀를 둔 남자를 자식에 대한 관계로 이르거나 부르는 말.(성균이 아버지, 웬일이세요? 물건 하러 나오셨나 보죠.⟨한수산, 유민⟩) ③ 자녀의 이름 뒤에 붙여, 자기 남편을 이르거나 부르는 말.(…우리 형님은 아무 죄 없으니, 여보 치려거든 나를 쳐요. 네, 수남 아버지.⟨박완서, 도시의 흉년⟩)…

즉, '아버지'는 다른 사람에게 이르는 지칭어이기도 하고, 부르는 호칭어이기도 한 것. '어머니, 형, 할아버지, 할머니'도 부르는 말이자 이르는 말이다.

반면, 앞서 봤듯이, 지칭어와 호칭어가 각각인 경우도 있다. 가리킬 때는 '동생'이지만 부를 때는 "동생아"가 아니라 "○○야"가 되는 게 바로 그 예. 또 부부 사이 호칭어는 '여보, 당신'이지만, 다른 사람에게 설명하는 지칭어는 '아내, 집사람, 어미, 어멈, 남편, 그이, 아비, 아범' 따위가 된다. 이르는 말 '장인, 장모'가 부를 때는 '장인어른, 장모님'이 되는 것도 같은 이치. 그러니 저 프로야구 선수의 수상소감에서 문제는, 높여서 이르는 말인 '부모님'을 부르는 말처럼 쓴 데 있었던 것. 호칭어는, 다 알다시피, '아버지, 어머니'다. 좀 더 보자.

'며느리: 시부모가 며느리를 직접 부르거나 남에게 말할 때.'

어느 책에서 본 구절인데, 며느리는 지칭어일 뿐 호칭어가 아니다. 부르는 말은 '아가, 새아가, 어미, ○○ 어미, 어멈, ○○ 어멈'이다.

"모친! 요새 미역이 좋네요?"

어느 시인의 글에 나오는 구절인데, 저 '모친' 역시 어머니를 정중히 이르는 말, 즉 지칭어일 뿐 호칭어가 될 수 없으니 적절하지 않다.

삼촌을 삼촌이라 부르자

'온 가족이 처남댁에 모여서 잔치를 벌였다.'

어디에선가 본 글인데, '처남댁'을 잘못 썼다. 표준사전을
보자.

> **처남댁(妻男宅)** 처남의 아내를 이르거나 부르는 말. 주로 손
> 아래 처남의 아내를 이르거나 부른다.(아내는 처남댁에게 사
> 가지고 온 성냥과 과자를 내놓으며 웃고 있었다.〈하근찬, 삼각의
> 집〉)

'처남댁'은 처남의 아내를 가리키는 지칭어이자 부르는 호
칭어일 뿐, 장소를 가리키는 말이 아니다. 그러니 처남댁에 모
이는 건 불가능한 일인 것.(백번 양보해서, 처남이 사는 집을 높여서
부른 것이라면 '처남 댁'으로 띄어서 써야 한다.)

'"삼촌"이라고 부르면 안 된다. 삼촌은 촌수이지 호칭이 아니다.
'삼촌, 외삼촌'이 호칭이라면 아버지는 일촌, 형은 이촌이라 불러

도 괜찮은가.'

요즘도 종종 볼 수 있는 주장이다. 하지만 이젠 맞지 않는 말이요, 흘러간 옛 노래다. 1999년 처음 찍어낸 〈표준국어대사전〉엔 삼촌이 '아버지의 형제. 특히 결혼하지 않은 남자 형제를 이른다'고 풀이돼 있었다. 하지만 국립국어원은 2011년 펴낸 〈표준 언어 예절〉에서 '아버지의 남동생을 부르거나 이르는 말'로 새로이 규정했다. 삼촌을 부르는 말로 인정한 것이다. 물론, 이제는 표준사전 뜻풀이도 이렇게 바뀌었다.

삼촌 ① 아버지의 형제를 이르거나 부르는 말. 특히 결혼하지 않은 남자 형제를 이르거나 부른다.(고모는 할머니 못지 않게 삼촌의 귀환을 철석같이 믿고 있었다.〈윤흥길, 장마〉) ② 방계로는 부모와 같은 항렬의 백부모 · 숙부모 또는 형제의 자녀와의 촌수.

그러니 이제는 이를 때뿐만 아니라 부를 때도 쓸 수 있는 말인 것. 이뿐만이 아니다.

좋은 문장을 쓰고 싶다면

외삼촌 어머니의 남자 형제를 이르거나 부르는 말.

작은삼촌 둘 이상의 삼촌 가운데 맏이가 아닌 삼촌을 이르거나 부르는 말.

큰삼촌 둘 이상의 삼촌 가운데 맏이인 삼촌을 이르거나 부르는 말.

표준사전은 이렇게 다른 여러 '삼촌'도 호칭어로 쓸 수 있게 해 놓았다. 그러니 이젠 아무런 거리낌 없이 써도 된다.

세상이 변하듯이, 말도 변한다. 그러니 '예전에는 이랬는데…'는 소용없다. 사랑과 마찬가지로, 말도 '지금, 여기'가 중요하기 때문이다.

¶
징크스는 결코 좋은 일이 아니다

〈시총 2위 오르면 1년 안 고점/2등주 '징크스'〉

어느 신문 제목이 눈길을 끈다. '역시 2등이란, 별로 좋지 못한 거지.' 한데, 기사를 읽다 보니 그게 아니다.

'한국 증시에서 시가총액 2위에 오른 기업들은 1년 안에 주가가 고점을 찍을 만큼 상승세가 가팔랐던 것으로 나타났다. …2등 주의 '고점' 징크스는 투자자들에게는 고수익의 기회가 된다.'

주가 상승세가 가파르고 투자자들에게는 고수익 기회가 되는데 '징크스'라니…. 알고 보니 취재기자와 편집기자가 나란히 저지른 실수였던 것. 〈표준국어대사전〉을 보자.

징크스(jinx) ① 재수 없는 일. 또는 불길한 징조의 사람이나 물건.(징크스를 깨다.) ② 으레 그렇게 될 수밖에 없는 악운으로 여겨지는 것.(징크스를 가지다./징크스를 없애다./그에게는 경기 전날 수염을 깎으면 경기에 진다는 징크스가 있다.)

좋은 문장을 쓰고 싶다면

이러니, 징크스는 결코 좋은 일이 아니다. '골대 징크스'는 축구에서 공이 골대를 맞고 나오면 진다는 얘기이고, '2년 차 징크스(소포모어 징크스 · Sophomore Jinx)'는, 주로 스포츠에서, 데뷔 다음 시즌에 전년도보다 성적이 떨어진다는 얘기. 결국 징크스는 넘어서고 극복해야 할 일이지, 좋아하고 반길 일은 아니라는 얘기다.

해서, '미국 대선에는 오하이오주의 승자가 대통령이 된다는 '오하이오 징크스'라는 말이 있다'라는 문장은, '미국 대선에는 오하이오주에서 이기지 못하면 대통령이 될 수 없다는 '오하이오 징크스'라는 말이 있다'로 고쳐야 한다.

'왕웨이중의 선발 등판 전날 저녁에 늘 삼겹살을 함께 먹었는데 그때마다 호투하는 기분 좋은 징크스가 생겼다.'

어느 신문 기산데, 역시 징크스를 잘못 썼다. '악운'으로 바꿔 보면 잘못이 한눈에 보일 터.

한자말에도 비슷한 게 있다. '정부는 냉전시대의 핑퐁외교를 타산지석으로 삼아야 한다'에 나오는 '타산지석'이 바로 그런 말. 타산지석의 표준사전 뜻풀이는 '다른 산의 나쁜 돌이라도 자신의 산의 옥돌을 가는 데에 쓸 수 있다는 뜻으로, 본이 되지 않은 남의 말이나 행동도 자신의 지식과 인격을 수양하는 데에 도움이 될 수 있음을 비유적으로 이르는 말'이다. 그러니 저 문장에서는 '본보기, 거울, 귀감, 참고' 가운데 하나를 골라 쓰는 게 옳았다.

¶

언론이 포기 못 하는 한자어

'특히 부산에서는 수석 대변인인 장제원 의원을 제외하고는 부산 지역 의원들이 나타나지 않아 당 내홍 전초전이 시작된 게 아니냐는 관측이다.'

〈한국당, '홍준표 패싱' 심화… 당 내홍 전초전?〉이라는 기사에 나온 구절이다. 한데, 기사와 제목에 나온 '내홍'은 무슨 뜻일까. 〈표준국어대사전〉을 보자.

> **내홍(內訌)** 집단이나 조직의 내부에서 자기들끼리 일으킨 분쟁.(내홍을 겪다./내홍이 벌어지다./내홍이 일어나다./역사상 여러 나라가 내홍으로 패망하였다.) 「비슷한말」 내분(內紛), 내쟁, 집안싸움.

뭔가 있어 보이지만, 결국 내분이나 집안싸움이라는 말이다. 쉬운 말, 순우리말이 있는데도 저렇게 어려운 말을 쓰는 이유는, 저 말을 누가 주로 쓰는지 보면 쉽게 알 수 있다. 지금 우리나라에서 쓰이는 내홍의 99%는 출처가 언론 기사다. 방송

좋은 문장을 쓰고 싶다면

이든 신문이든 가리지 않는다. 또 하나 묘한 건, 주로 정치 기사에서 이 말을 쓴다는 것. 집을 자택·사저라 쓰고 모임을 회동, 뜻을 취지라 쓰는 것과 같은 맥락이랄까. 하지만 한자·한자말이 점점 힘을 잃는 시대 흐름인데도 이렇게 포기를 못 하면, 생각지도 못한 잘못이 벌어질 수도 있다.

'서울대 예술대학장을 역임한 고인의 장례는 오는 5일 학교장으로 치러진다./대구시교육청은 민선 제6·7대 교육감을 역임한 신상철 전 대구시교육감이 8일 오후 2시 향년 77세로 별세했다고 밝혔다.'

여기 나온 '역임'이 바로 그런 예. 표준사전을 보자.

역임(歷任) 여러 직위를 두루 거쳐 지냄. '거침', '지냄'으로 순화.

그러니까 '여러 직위'를 지낸 걸 역임이라 한다. '서울대 예술대학장 역임/대구시교육감 역임'으로 달랑 직위 하나만 밝힌 표현이 잘못인 이유다. 아래는 좀 더 심각한 잘못.

'그는 어릴 때부터 책은 밟지도 말라는 선친의 엄한 가르침을 받고 자랐다.'

어느 신문에 실린 인터뷰 가운데 한 구절인데, '선친'이라는
한자말을 잘못 썼다. 표준사전을 보자.

선친(先親) 남에게 돌아가신 자기 아버지를 이르는 말.=고
(考)·선고(先考)·선군(先君)·선군자·선부(先父)·선엄
(先嚴)·선인(先人).(오늘 선친의 제사가 있어서 일찍 들어가야
합니다.)

그러니까 선친은, 돌아가신 아버지를 이르는 말인데, 인터뷰
에서 저 말이 잘못이라는 건, 선친이라 불린 사람이 생때같이
살아 계시기 때문인 것. 게다가 저 '선친' 자리에 '돌아가신 나
의 아버지'를 넣어 보면 기사를 쓴 기자가 뭘 잘못했는지가 한
눈에 들어온다.

'해가 갈수록 새로운 컨셉을 만들어 내기가 힘겨워진
다./통풍은 퓨린이라는 단백질이 몸속에서 요산 결정체를
생성하며 관절 주위를 자극해 극심한 통증을 유발하는 질
환이다.'

교열기자가 뭐 하는 사람이냐고 궁금해하시는 독자가
많은데, 저런 문장에서 '컨셉, 퓨린'을 '콘셉트, 푸린'으로
고치는 사람이다. "현장에서는 '컨셉, 퓨린'으로들 쓴다"는
항의를 무마해야 하는 것도 교열기자의 일. 그러니, 교열
업무, 특히 외래어 표기는 항상 현장과 규정, 실제와 이론
이 맞부딪는 첨예한 전선이기도 하다. 저 전선에서는 대개
교열기자가 승리한다. 근거가 분명하기 때문이다. 그렇다
고 마음이 마냥 편하지는 않다. 저렇게 주장하다 보면, 꽉
막힌 원칙주의자가 된 듯한 느낌도 들기 때문이다.

교열기자가 자괴감을 느끼는 원인은 여럿이다. 가장 먼
저, 국립국어원. 잘못된 표기가 널리 퍼진 다음에야 현실
과 동떨어진 표기법을 결정해 당혹스럽게 한다. 둘째는 한
국말을 쓰는 언중(말무리). 고급한 사용자들마저 쉬운 순

화어를 놔두고 끊임없이 잘못된 외래어 표기를 고집한다. 셋째는 일본. 이 나라를 거쳐 들어온 일본어식 외래어들은 파생 능력까지 갖춰, 끊임없이 새끼를 치는 바퀴벌레를 보는 느낌마저 들 정도. 교열기자를 난감하게 만드는 외래어들을 보자.

*고다치즈 → 하우다치즈(gouda cheese, 네덜란드어 · 영어)

*구아바 → 구아버(열대 과실나무)

*그라탕 → 그라탱(gratin, 프랑스어)

*또띠야 → 토르티야(tortilla, 스페인어)

*보디테라피 → 보디세러피

*아로마테라피 → 아로마세러피

*아젠다 → 어젠다

*앰플 → 앰풀(ampoule)

*컨텐츠 → 콘텐츠

*콜라보레이션 → 컬래버레이션

*폰즈 소스 → 폰스 소스(네덜란드어)

*휘트니스 → 피트니스

이 가운데 몇몇은 대체 왜 저렇게 써야 하나 싶게 현실과 동떨어졌다. 그래도 어쩌랴. 규정이 그렇다는데⋯. 게다가 바른 말글살이 최전선에 선 교열기자가 지키지 않으면 대체 누가 외래어 표기법을 지키랴 싶지만, 그래도 아래와 같은 표기를 고치려니, 정말, 도망가고 싶다는 생각마저 든다.

'류머티스(→류머티즘) 관절염 환자 약 네 명 중 세 명은 여성인 것으로 조사됐다.'

'스쿼트(→스콰트)를 심하게 하면 무릎이 아플 수 있다.'

¶
글 잘 쓰는 방법이 뭐냐는 질문을 가끔 받는다. 별다른 거 없다.
첫째, 사전을 부지런히 찾아야 한다. 바른 말, 정확한 말을 모르고는
좋은 글을 쓸 수가 없기 때문이다.

5장

| 문 | 장 | 의 | | 품 | 격 | 을 | | 높 | 이 | 는 |
| 건 | | 한 | | 끗 | | 차 | 이 | | | |

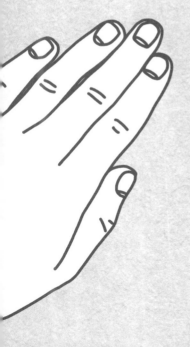

외래어와 외국어는 다르다

'wife를 '와입흐'라고 쓰면 정확한 영어 발음이 된다. 표기법대로 '와이프'라고 쓰면 wipe처럼 들린다. 아내는 평생 걸레질(wipe)이나 하는 사람인 것처럼 말이다. fast food도 '홰스틉 후우드'라고 쓰면 영어 발음에 아주 가깝다.'

어느 신문에 실린 '현지 발음 반영 못하는 외래어 표기법'이라는 글이다. 얼핏 보면 그럴듯하지만, 알고 보면 초점이 안 맞는 엉뚱한 주장일 뿐이다. '외래어/외국어'에 대한 개념을 제대로 모르고 하는 말이기 때문이다. 〈표준국어대사전〉을 보자.

외래어(外來語) 외국에서 들어온 말로 국어처럼 쓰이는 단어. 버스, 컴퓨터, 피아노 따위가 있다.

외국어(外國語) ① 다른 나라의 말. ② 외국에서 들어온 말로 아직 국어로 정착되지 않은 단어. 무비, 밀크 따위가 있다.

예를 들어 '밀크/밀크셰이크/우유/소젖'을 보자. 각각 '외국어/외래어/한자어/고유어'에 해당하는데, 이 가운데 '외국어' 밀크를 뺀 나머지 '외래어/한자어/고유어'는 '우리말'인 것. 즉, 외래어 표기법은 외국어 표기법이 아니라 우리말 표기법이다. '와이프'는 아직 표준사전에도 오르지 못했으니 외래어가 아니라 외국어이고…. 이 외국어를 두고 외래어 표기법이 이상하다고 얘기했으니, 아예 초점이 맞지 않았던 것이다.

그나마 복합어인 '더치와이프(Dutch wife · 사람 크기의 여성 대용(代用) 인형, 혹은 대나 등(藤)으로 만든 긴 베개)'가 '외래어 표기법' 용례에 올라 있으니 그래도 얘기를 해 보자. 다시 환기하자면, 여기 나온 '더치와이프'는 외래어다. 외래어는 국어로 정착한 말이고, 국어는 한국어를 쓰는 사람끼리 소통하는 언어. 그러니 wife를 '와입흐'라 하거나 '위페'라 하거나 '바이페'라고 하거나 간에 그건 그쪽 언어 사정이고, 한국말을 쓰는 우리는 '와이프'로 쓰고 읽으면 되는 것이다.(도대체, wife를 '와입흐'가 아닌 '와이프'로 쓴다고 해서 '아내'가 아니라 '걸레질'로 알아들을 한국말 사용자가 몇이나 될까.)

귤이 회수를 건너면 탱자가 된다고 했다. 굳이 잘 쓰고 있는 '바나나, 라디오, 패스트푸드'를 '버내너, 뤠이디오우, 홰스틉후우드'로 바꿀 필요도 없고, '비닐 봉투, 아파트, 전자레인지'를 '플라스틱 백, 아파트먼트, 마이크로웨이브 오븐'으로 바꿀 필요도 없다. 너는 원래 귤인데 왜 탱자가 됐느냐고 따지는 일은, 의미 없고 부질없는 일일 뿐.

좋은 문장을 쓰고 싶다면

나라 이름도 약속한 대로 불러야 한다

'27일 서울 서초구 국립중앙도서관을 방문한 주한 아랍에미레이트 대사관 압둘라 사이프 알 누아이미 대사가 UAE 총리 겸 부대통령인 셰이크 모하메드 알 마크툼의 한국어판 저작 3권 및 각 50권의 책을 기증했다.'

이 기사에 나온 나라 이름 '아랍에미레이트'는 '아랍에미리트(Arab Emirates)'가 옳은 표기다.

'그루지야는 징병제를 실시하고 있으며 징병대상은 18~30세 사이의 건장한 남성입니다. 복무일은 12개월정도 입니다. 그루지야군의 총병력수는 2013년으로 기준으로 37,825명이며 예비군은 140,000명에 이릅니다.'

인터넷에서 본 글인데, 소련 해체 때 독립한 '그루지야'는 이 나라 정부의 요청에 따라 2010년 '조지아(Georgia)'로 이름이 바뀌었다. 아래 기사에 나오는 '우즈벡'은 '우즈베크'의 잘못.

'미르지요예프 우즈벡 대통령이 문재인 대통령을 만나 '형님'이라

고 불렀다는 이야기는 우즈벡의 친한 정서를 단편적으로 보여주는 일화다.'

보다시피 나라 이름이나 약칭을 잘못 쓰는 예는 생각보다 드물지 않다. 언어 감수성이 모자라는 것일까, 주의가 부족한 것일까. 어쨌거나 개인의 일기장이나 비망록이 아니라 언론 기사에서까지 외국 인·지명을 잘못 쓰는 건 문제다. 다른 여러 이름과 마찬가지로, 나라 이름 역시 우리가 약속한 대로 불러야 하는 건 두말할 필요가 없다. 혹시라도 혼자서 '미국/중국/오스트리아' 대신 '미이국/충국/호스트리야'로 부르겠다는 사람이라면, 뭐, 할 수 없겠지만….

'15일 오후 아세안축구연맹(AFF) 스즈키컵 시상식에서 응우옌 쑤언 푹 총리가 박항서 감독에게 우승메달을 걸어주고 있다.'
'베트남 재벌인 호앙아인잘리이 컴퍼니의 두안응우옌둑 회장이 박항서 감독 연봉을 자신이 지불하겠다고 나섰다.'

2018년 스즈키컵 축구에서 우승한 베트남팀을 이끈 박항서 감독 기사인데, 자세히 보면 베트남 인명 처리에서 띄어쓰기가 엇갈린다. '응우옌 쑤언 푹 총리/두안응우옌둑 회장.'
한데, 베트남 인명은 성과 이름을 붙여 쓰는 게 원칙이다. '호찌민(Ho Chi Minh[胡志明])'이나 '응우옌반티에우(Nguyen Van Thieu·예전 표기 '구엔 반 티우')'처럼 쓰는 것. 그러니, '응우옌쑤언푹 총리'로 써야 했다. 하지만 의외로 '응우옌 쑤언 푹'으로

　좋은 문장을 쓰고 싶다면

쓰는 언론사가 많다. 그러니 베트남 인명 표기는 매체의 수준
을 가늠하는 잣대가 되기도 하는 셈이다.

¶ 외래어는 우리말이다

'미국이 동시·병행적 이행을 얘기하는 것은 북한이 비핵화의 '엔드 스테이트'(최종상태)를 먼저 밝히라는 것이다.'

한 신문 대담 기사에 나온, 어느 교수의 말이다. 물론 '(최종 상태)'라는 설명은 신문사에서 달았을 터. 아래는 어느 쇼핑몰 업체의 광고 문구다.

'매 시즌 가장 에센셜한 스타일과 아이템을 선보이는 셀렙샵 에디 션의 2018 Winter 홀리데이 컬렉션.'

지나친 외래어·외국어 사용은 어제오늘 일도 아니지만, 갈 수록 정도가 더해지는 건 심각하게 받아들일 만하다. 어떻게 해야 이런 흐름을 멈출 수 있을까. 외래어 표기에는 또 다른 문제도 있다. 아래 신문 제목들을 보자.

〈토핑? 소스? 진짜 '핏짜'는 반죽이 99%〉
〈인도 대표음식 커리, "정말 손으로 먹나요?"〉

좋은 문장을 쓰고 싶다면

외래어 표기법에 따라 잘 정착된 '피자, 카레' 대신 굳이 '핏짜, 커리'라고 쓰는 저런 문제 말이다. '현지'에 가니 저렇게 쓰더라면서 당당하게 '핏짜, 커리'로 쓰는 사람도 늘어만 간다. 하지만 저렇게 주장하는 건, "그래, 나 외국어와 외래어가 어떻게 다른지 모르는 사람이야"라고 외치는 것과 다를 바 없다. 외국어는 말 그대로 외국말이고, 외래어는 우리말에 편입된 외국말이라는 걸 모르면, 엉터리인 줄도 모르고 저렇게 용감한 주장을 하게 마련인 것. 다시 말하지만, 외래어는 우리말이다. 우리말은, 우리말을 쓰는 사람들끼리 '이렇게 쓰자'고 약속한 말. 그러니 원칙적으로, 현지에서 어떻게 쓰는지는 별로 상관없다. 예를 들어 흔히 '링겔, 링게르'로 부르는 'Ringer'도 '현지'에서는 [링어]에 가깝게 발음하지만, 우리는 '링거'로 쓰자고 약속했고 그렇게들 쓴다.

게다가 그 '현지'라는 것도 딱 집어 이야기할 게 못 된다. 영어 표기를 영국에 맞출 것인가, 미국에 맞출 것인가. 또, 미국이라면 그 넓은 땅덩어리 중 어디에 맞출 것인가. 그러니 굳이 '와이셔츠'를 '화이트 셔츠', '핸드폰, 휴대폰'을 '셀룰러폰, 셀폰, 모바일폰'으로 바꿀 필요가 없다는 얘기다. 그런 면에서 보자면, 우리나라 몇몇 신문도 문제가 많다.

⟨tvN 다시보기 전면 유료화… "더 좋은 콘텐트 위한 것"⟩

어느 신문 제목인데, 여기 나온 '콘텐트'는 '콘텐츠'라야 외래어 표기법에 맞는 표기다. 또 다른 신문 제목 ⟨'제2의 수퍼

땅콩' 이다연, 5타차 따라잡아 역전승〉에 쓰인 '수퍼'도 '슈퍼'라야 한다. 사실, 이 두 신문은 외래어 표기법을 대놓고 무시한다. '슈퍼볼(Super Bowl)'을 각각 '수퍼볼/슈퍼보울'로 쓰고 있는 판이니 뭐…. 다시 얘기하지만, 외래어는 우리끼리 약속한 '우리'말이다. 그러니 외국어와 착각하지 말 것.

좋은 문장을 쓰고 싶다면

팬데믹을 대체할 말은?

'요즘 자주 등장하는 말 중에 オーバーシュート(overshoot, 감염 폭발), クラスター(cluster, 집단 감염), ロックダウン(lockdown, 도시 봉쇄), パンデミック(pandemic) 등이 행정 문서와 미디어에도 자주 등장하고 있는데, 일본어로도 충분히 의미가 전달됨에도 왜 굳이 이런 가타카나를 남발하듯 즐겨 쓰는지 도무지 이해가 안 간다.'

일본 중앙학원대학 이헌모 교수가 페이스북에 올린 글이다. 이 교수 지적마따나 일본은 정말 외래어를 많이 쓴다. '평가절하'라는 말이 있는데도 '데바류에이숑(デバリュエーション·devaluation)'이라 쓰고, '맥주, 학급'이 있는데도 '비루(ビール·beer), 쿠라스(クラス·class)'라 쓰는 식이다.

한데, 요즘 우리나라를 보자면 저런 방식을 비웃을 일만도 아니다. 아래는 어느 신문 칼럼 구절.

'코로나19는 한국에서 에피데믹(epidemic)에서 팬데믹(pandemic)으로 폭풍우가 됐다.'

이런 외래어는 요즘 우리 신문·방송이나 누리소통망(SNS)

에서 어렵지 않게 맞닥뜨린다.

그동안 우리나라 외래어 유통(?)에는 큰 문제가 있었다. 사람들 입에 익을 만큼 널리 퍼진 뒤에야 국립국어원이 나서서 표기법을 정하거나 순화어를 발표해 왔던 것. 한발 늦은 대응 때문에 고치는 데 시간과 비용이 들 수밖에 없었다. 원칙을 강조하다가 뒤늦게 현실을 인정해 '자장면/짜장면'처럼 둘 다 허용하는 경우도 잦았다.

대응이 느리다는 비판이 효험을 봤는지, 드디어 국립국어원이 2019년 9월 사람을 모아 '새말모임' 시범운영을 시작했다. 국립국어원은 이 모임을 이렇게 정의한다.

*새말모임: 어려운 외국어 신어가 널리 퍼지기 전에 일반 국민들이 이해하기 쉬운 우리말 대체어를 제공하기 위해 국어 전문가 외에 외국어, 교육, 홍보·출판, 정보통신, 언론 등 다양한 분야 사람들로 구성된 위원회로서, 누리소통망(SNS)을 통해 진행됨.

그리고 여기서 결정한 대체어가 바로 '(감염병)유행, (감염병) 세계적 (대)유행, 동일 집단 격리, 승차 진료(소)/승차 검진'이다. 한국말 언중이 여기서 이해하지 못할 말은 없겠는데, 그렇다면 굳이 이 말들 대신 '에피데믹, 팬데믹, 코호트 격리, 드라이브스루'를 쓸 필요가 있나 싶다.

낯선 외래어나 외국어 남용은 정보 소외를 부른다. (지식을) 가진 사람이 (정보나)재화 획득에 더 유리한 구조는 운동장을 기울게 만들고 결국 사회 불안과 불평등을 부른다. 언어 민주화가 없으면 정보 민주화도 없고 경제 민주화도 있을 수 없는 것이다. 살기 좋은 세상은, 말을 잘 몰라서 불이익을 받는 사람이 없는 세상일 터.

¶
곤색 아닌 감색
나도 모르게 쓰는 일본어투 1

'곤색 치마에는 어떤 색 상의가 어울리나요?'

인터넷에 올라온 질문인데, 여기 나온 '곤색'은 알고 보면 꽤 우스운 말이다. 〈표준국어대사전〉을 보자.

곤색(〈일〉kon[紺]色) → 감색.

즉, 곤색은 일본말 '紺色'에서 온 것이니 감색으로 써야 한다는 얘기다. '紺色(こんいろ·곤이로)'에서 '이로'가 색이니, 紺을 일본말로 '곤'이라 부른다는 걸 알 수 있다. 즉, 곤색은 일본말 '곤'에 우리말 '색'이 결합한 말인 것.

우리 말글살이에는 벤또, 빠꾸, 자부동처럼 쉽게 알 수 있는 것뿐만 아니라 저렇게 은밀하게 숨은 일본말, 일본어투도 꽤 있다. 곤로(→풍로, 화로), 마호병(→보온병), 한소데(→반소매) 같은 말은 주로 나이 든 분들이 우리말처럼 익숙하게들 쓴다.

하지만 저런 것들이야 세월이 가면 어차피 없어질 터. 문제는 말글살이에서 영향력이 큰 '배운 사람'들이 쓰는 일본말 찌

좋은 문장을 쓰고 싶다면

꺼기다. 많은 언중이 일본말, 일본어투인 줄도 모르고 따라 쓰는 부작용이 생기기 때문이다. 아래는 어느 단체에서 낸 성명.

'우리 국민들 대다수는 난민 자체를 반대하는 것이 아니다. …또 여기에는 국내 브로커들이 달라붙어서, 저들을 부추기고 있다고 하는데, 이는 '매국노'에 다름 아니다.'

여기서 쓰지 않아야 할 일본어투는 '다름 아니다'다. 이게 왜 일본어투인가 싶어 좀 당혹스러울 수도 있겠지만, 국립국어원 누리집 '묻고 답하기-온라인 가나다'에 오른 답변부터 보자.

'문의하신 '다름 아니다'는 일본어 투 표현으로 봅니다. 이 말은 우리말의 어법에 맞게 '~또 다른 형태의 폭력을 만들기 위함과 다름이 없다/~또 다른 형태의 폭력을 만들기 위한 것과 다름없다'로 바꿔 쓸 수 있겠습니다.'(2010. 4. 5.)

구체적으로, '~에 다름 아니다'는 일본말 '~にほかならない'를 직역한 것이라 보기도 한다. 그래도 받아들이기 힘들다면, '다름' 대신에 다른 형용사의 명사형을 넣어 보자.

'그런 짓을 하는 건 옳음이 아니다./그런 행동은 바름 아니다.'

보다시피 이런 표현은 어색하기 짝이 없으니 '그런 짓을 하는 건 옳지 않다/그런 행동은 바르지 않다'로 써야 한다. 마찬가지로 '다름 아니다'는 '다름없다, 다름이 없다, 다를 바 없다, 다르지 않다, 마찬가지다'나 '-이다'로 쓰면 된다.(반면 '다름 아닌, 다름이 아니라'는 서술어가 아닌 관용구여서 써도 되는 우리말 표현이다.)

좋은 문장을 쓰고 싶다면

어색한 승부

나도 모르게 쓰는 일본어투 2

① 〈역전승 견인 한화 이성열 "풀카운트 승부 도움"〉

② 〈'1번 같은 3번' 끈질긴 승부 펼친 최주환〉

③ 〈넥센 장영석, 또 승부 뒤집는 스리런포..시즌 5호〉

④ 〈선수협, "승부조작 무관 동명이인 명예훼손 그만"〉

이 기사 제목 가운데 이상한 게 눈에 들어온다면, 꽤 수준 높은 우리말 사용자라 할 만하다. 잘 모르겠다는 독자를 위해서는 〈표준국어대사전〉을 인용한다.

> **승부(勝負)** 이김과 짐.(승부가 나다./승부를 가르다./승부를 내다./승부에 지나치게 집착하다./내일 있을 경기에서 최종 승부가 결정될 것이다./오늘 축구 시합은 측면 돌파로 승부를 걸 생각이다./고싸움은 둘째 날 밤에도 승부가 나지 않았는지 승전가가 들려오지 않았다.〈문순태, 타오르는 강〉)「비슷한말」승패(勝敗).

'負(부)'가 진다는 뜻이므로, 승부는 '이김과 짐'이다. '승패' 와 비슷한 말인 것. 그러니, ①~④번 제목에서 승부를 승패로 바꿔 보자.

① 풀카운트 승패 ② 끈질긴 승패 ③ 승패 뒤집는 ④ 승패조작

이래 놓고 보면 ③, ④는 괜찮지만 ①, ②는 확실히 잘못됐다는 걸 알 수 있다. 하지만, 이런 제목뿐만 아니라 기사에서도 '승부'가 활개를 친다.

'7월을 마칠 때만 해도 4위였던 LG는 8월 이후 10승1무16패로 4할 승부도 하지 못한 끝에 4일 현재 7위로 내려앉았다.'

어느 신문 기사인데, '4할 승부', 즉 '4할 승패'는 말이 안 된다. 4할은 승일까, 패일까.('4할 승률'이면 몰라도…) 아래 기사에 나온 승부들도 마찬가지.

'양의지는…튼튼한 두산 야수진의 수비력까지 계산에 넣어 린드블럼이 빠른 승부를(→대결을) 펼치도록 유도하고 있다.'
'류현진 입장에서는 일주일 만에 샌디에이고 파드리스와의 졸전을 설욕할 기회가 찾아온 셈이다. 하지만 디트로이트와의 상대 전적과 데이터가 부족해 승부는(→승리는) 장담할 수 없다.'

이처럼 어색한 '승부'를 남용하는 건 일본어에서 비롯한 버릇이다. 일본말에서 승부(쇼부)는 '내기, 대결'로도 쓰인다. 하지만 우리말에서 승부는 '승패'일 뿐.

물론, 모든 '승부'를 기피할 필요는 없다. 승패로 바꿔서 어색하지 않은 문맥에서는 거리낌 없이 써도 된다. 또 '승부수,

좋은 문장을 쓰고 싶다면

승부차기, 승부처, 명승부, 무승부'처럼 승부가 들어간 합성어 · 파생어 역시 적당한 자리에 적당하게 쓰면 된다.

¶

반쪽짜리 불매 말고 말부터 제대로

나도 모르게 쓰는 일본어투 3

'특히 국회 7층 의안과에서는 민주당 의원과 보좌진들이 한국당이 걸어 잠근 문을 여는 과정에서 쇠지레, 이른바 '빠루'가 등장했습니다. 한국당이 이 빠루를 의원총회에 들고나와 민주당을 비난하면서 양측 사이에 느닷없는 빠루 공방이 벌어졌습니다.'

2019년 4월 국회에서 벌어진 선거제·개혁법안 패스트트랙 충돌 현장을 설명하는 어느 방송 앵커의 말이다. 한데, '쇠지레, 이른바 '빠루''라는 표현은 잘못이다. 〈표준국어대사전〉을 보자.

쇠지레 무거운 물건을 움직이는 데 쓰는, 쇠로 만든 막대기. 「비슷한말」 철장(鐵杖).
철장(鐵杖) 쇠로 만든 막대기나 지팡이.

그러니, 쇠지레(철장)는 그냥 쇠막대기일 뿐인 것. 게다가 '빠루(バール)'는 일본말이다. 쇠 지렛대를 뜻하는 영어 crowbar를 그들 식으로 옮긴 것. 우리말로는 '노루발, 노루발장도리'라 불러야 한다. 표준사전을 보자.

> **노루발** 한쪽은 뭉뚝하여 못을 박는 데 쓰고, 다른 한쪽은
> 넓적하고 둘로 갈라져 있어 못을 빼는 데 쓰는 연장. =노루
> 발장도리.

광복 70년이 훌쩍 지났지만, 빠루에서 보듯이 특히 건설공사 현장에서는 아직 일본말(찌꺼기)이 생생히 살아 날뛴다. 풋내기, 초보자, 신출내기를 시로도(しろうと·素人)라 하고, 자투리, 끄트러기, 조각은 기레빠시(きれはし)라 부른다. 또 페인트는 뻥끼, 사포는 뻬빠, 펌프는 뽐뿌, 망치는 (오)함마로 쓴다. '콘크리트 작업을 한다'는 말을 '공구리 친다'고들 하는데, 공구리 역시 영어 콘크리트(concrete)를 그들 식으로 옮긴 콘쿠리토(コンクリート)에서 온 것.

한데, 이렇게 보이지 않는 곳에서 음습하게 쓰이는 줄로만 알았던 일본말이 공중파 방송에도 불쑥불쑥 모습을 드러내 놀라게 한다. 한국방송(KBS)이 태풍 다나스 때문에 경남 산청군 국도 일부가 무너졌다는 뉴스를 전하면서 이런 인터뷰를 내보냈다.

"차량 다니는 데는 지장이 되지 않으나 약간의 0.3루베 정도 (흙더미가)발생하여 저희가 긴급 조치하였습니다."

한데, 여기 나온 '루베'도 일본말 찌꺼기. 그들은 세제곱미터 (옛 입방(立方)미터)를 줄여 '류베(りゅうべい · 立米)'라 부른다. 뒤늦게 알았는지 한국방송 누리집 자막에는 '0.3루베'를 '0.3m³'로 바꿔 놓았다.

수출 규제로 도발한 일본을 상대로 불매운동이 일고 있다. 아베 정권이 제국주의적 속성을 보이기에 '기해왜란(己亥倭亂)'이라는 말까지 설득력을 얻고 있다. 하지만 물건 안 사는 것에 그치면 반쪽짜리 불매가 될 뿐이다. 일본 제국주의의 정신까지 몰아내려면 정신을 담는 그릇인 말부터 말끔히 청산해야 하기 때문이다.

좋은 문장을 쓰고 싶다면

우리말인 척하는 일본말

포털 검색창에 '사퇴하세요'를 치면 이름이 자동 완성되는
이은재 의원은 변종 일본말 3종 세트로도 유명했다. 역시 검
색창에 셋 가운데 하나만 쳐도 자동 완성되는 '겐세이, 야지,
뿜빠이'가 바로 그 세 가지. 각각 '견제, 야유, 분배'라는 뜻이
다. 한데, 국회에서 발언하는 바람에 더 널리 알려진 이런 말
말고도, 우리말 속에 조용히 똬리를 틀고 앉은 일본어 찌꺼기
가 있다. 이를테면 '대절' 같은 말. 〈표준국어대사전〉을 보자.

> **대절(貸切)** 계약에 의하여 일정 기간 동안 그 사람에게만 빌
> 려 주어 다른 사람의 사용을 금하는 일. 전세(專貰)로 순화.

1999년 찍어 낸 종이 표준사전엔 이렇게 풀이돼 있었지만,
개정판 격인 인터넷(웹) 표준사전에선 '전세(專貰)로 순화'라는
구절이 없어지고 보기글이 새로이 자리 잡았다. 이러면, 이제
일본말 '대절'을 우리말로 받아들인다는 건가.

우리말인 척하는 일본말로는 토씨 '의'도 있다. '아버지 그
림/황색 깃발'이면 되는 데도 '아버지의 그림(父の絵)/황색의

깃발(黃色の旗)'처럼 명사와 명사 사이에 지나칠 정도로 '노(の)'를 넣는 게 바로 일본식인 것. 우리말에선 '의'를 저만큼 쓰지 않아도 된다.

'달걀의 색깔과 달걀의 영양은 아무 관계가 없다.…흰색의 닭은 붉은색의 닭에 비해 사료를 10% 정도 덜 먹어도 똑같은 크기의 달걀을 생산한다.'

인터넷에서 본 이 글에는 '의'가 다섯 번이나 나오는데, 사실은 하나도 필요없었다.

'달걀 색깔은 영양과 아무 관계가 없다.…흰 닭은 붉은 닭보다 사료를 10% 정도 덜 먹어도 크기가 똑같은 달걀을 낳는다.'

게다가 '우리의 발전하는 모습(→우리가 발전하는 모습)'이나 '나의 사랑하는 친구(→내가 사랑하는 친구)'처럼, '의'를 써서 주어를 숨기는 것도 일본식인데, 꼭 이런 이유가 아니더라도, 없어도 되는 말은 없애는 게 깔끔하다. 그게 글을 다듬는 기본 원칙이다.

- 기존의 인력 → 기존 인력
- 가와 나의 경우는 → 가와 나는
- 한 대의 선풍기 → 선풍기 한 대
- 가수의 꿈을 꾸는 → 가수를 꿈꾸는
- 친이계의 한 관계자 → 한 친이계 관계자
- 3점의 그림과 4권의 책 → 그림 3점과 책 4권

'인플레 공포'를 '인플레의 공포'라 하지 않듯이, 'R의 공포'도 'R 공포'면 충분하다.(물론 '경기침체 공포'면 더 좋겠지만….) 지우면 글이 짧아지고 분명해지고 힘까지 생기는데, 그래도 계속 '의'를 쓸 것인가.

¶
좋은 글은 어디에서 나오는가

글 잘 쓰는 방법이 뭐냐는 질문을 가끔 받는다. 별다른 거 없다. 첫째, 사전을 부지런히 찾아야 한다. 바른 말, 정확한 말을 모르고는 좋은 글을 쓸 수가 없기 때문이다. 아래는 어느 블로그의 국숫집 소개 글에 나온 틀린 말들.

숫갓(→쑥갓), 모기버섯(→목이버섯), 면빨(→면발), 청량고추(→청양고추), 다시국물(→맛국물), 계란후라이(→계란프라이).

한데, 이 글이 좀 심했다 뿐이지, 다른 블로그도 어금지금하다. 특히 일본말 쓰는 버릇은 좀 심하다 싶을 정도. 덮밥은 돈부리, 쇠고기덮밥은 규동, 붕장어는 아나고라고 쓰기가 예사다. 심지어 김초밥은 노리마끼, 전어는 고하다, 우엉은 야마고보, 해삼창젓은 고노와다라고도 쓴다.

외래어와 외국어가 갈리는 부분은 '대체어가 있느냐'다. 그래서 '밀크(→우유), 스시(→초밥)'는 외국어이지만, '케첩, 바나나'는 외래어(즉, 우리말)가 된다. 그리고, 보다시피 저 일본말들은 모두 외국어다.

블로그에는 왜 이런 일본말이 넘쳐 날까. 어떤 블로거는 "전

좋은 문장을 쓰고 싶다면

문 용어를 써야 음식점에서 대우 받는다"고 한다. '나, 이런 것까지 알고 있다'는 자랑도 좀 섞여 있을 것이다. 하지만 겨우 그 정도 이유로 제 나라 말을 팽개친다는 건 좀 그렇다. 우리가 쓰는 나라말, 알고 보면 조상들이 목숨을 바쳐 지킨 것이다. 곁가지로 흘렀지만, 하여튼, 정확한 말을 써야 좋은 글을 쓸 수 있는 건 틀림없다.

사실, 글은 쓰는 게 아니라 생각하는 것이다. 손끝이 아니라 머릿속에서 나오기 때문이다. 그러니 깊이 생각하고, 그런 자기 생각을 글로 정확하게 옮기는 것이 바로 글을 잘 쓰는 두 번째 방법이다. 중국 송나라 문인 구양수는 좋은 글을 짓는 데 필요한 세 가지 방법으로 삼다(三多)를 들었다. 다문(多聞·많이 들어라), 다독(多讀·많이 읽어라), 다상량(多商量·많이 생각하라)이다. 요즘은 다독, 다작(多作·많이 써라), 다상량으로 바뀌었지만, 어쨌거나 생각을 많이 하는 게 중요하다는 건 변함이 없다. 생각 없는 사람이 좋은 글을 쓸 수는 없다는 말이다. 많이 읽으라는 말 역시 생각의 바탕을 넓히라는 이야기.

좋은 글을 쓸 욕심이라면, 하루 종일 스마트폰이나 텔레비전을 들여다볼 게 아니라 생각을 많이 해야 한다. 이 일의 근본이 무엇인지, 왜 이런 일이 벌어졌는지, 왜 이런 말을 써야 하고 왜 이런 말을 쓰면 안 되는지를….

¶
표준어 같지 않은 표준어

'지금이 그 암울했던 군사정권 시절도 아니고 노상 해오던 집회 시위도 아닌 가장 공정한 방법으로 농민들의 의견을 묻는 농민투표를 막아나서는 것은 쌀관세화유예협상이 누구를 위한 것인지를 미뤄 짐작할 수 있게 한다.'

어느 신문에 실린 칼럼인데, 혹시 비표준어를 찾아낸 독자가 있는지 모르겠다. 혹시, 만약, 있다면, 잘못 안 것이다. 흔히들 '노상'을 비표준어로 알지만, 엄연히 표준어다. 뜻은 '언제나 변함없이 한 모양으로 줄곧'. 그러니 '롯데는 SK에 노상 당하면서도 가을야구 꿈을 잊지 않았다'처럼 쓰면 된다.

이처럼 '표준어 같지 않은 표준어'로는 '시방'과 '거시기'도 있다. 시방은 '지금'이라는 뜻. 거시기는 '이름이 얼른 생각나지 않거나 바로 말하기 곤란한 사람 또는 사물을 가리키는 대명사'를 뜻한다.(거시기는 '하려는 말이 얼른 생각나지 않거나 바로 말하기가 거북할 때 쓰는 군소리'이기도 하다.)

'거시기'로 보자면, 2003년 개봉한 이준익 감독의 영화 〈황산벌〉에 나온 '거시기'가 아주 인상 깊었다. 이 영화에서 배우 이문식이 맡았던 '거시기'는 사실 '보통 사람'을 상징하기도

했다. 특정한 이름을 가지지 못한 민중이자 익명의 군졸들을 가리키는 대명사였던 것. 이 감독의 후속작 〈평양성〉에는 거시기뿐만 아니라 '머시기'도 나온다. 하지만 머시기는 거시기와 달리 비표준어이니 헷갈리지 말 것.

'저는 여러분들이 모르는 일을 빠삭하게 알고 있습니다.'

윗글에서 비표준어를 찾아냈다면, '빠삭하다'가 비표준어라는 생각이 들었다면, 그것도 잘못이다. 점잖지 못한 비어, 혹은 고상하지 못한 속어처럼 보이는 '빠삭하다'이지만, 역시 엄연한 표준어다. '어떤 일을 자세히 알고 있어서 그 일에 대하여 환하다'라는 뜻. 하지만 언중뿐만 아니라 언론매체마저 이 말을 비어나 속어로 착각했는지, 뉴스 검색을 해 봐도 거의 보이지 않는다.

반면 신문이나 방송이 즐겨 쓰는 '골머리'나 '골치'는 사전 풀이가 '머리나 머릿골(뇌)을 속되게 이르는 말'이라 돼 있어 머리가 아파 온다. 속된 말, 즉 비속어를 신문에 쓸 수는 없는 법. 그러니까, 사전에 따르자면 '민원 늘어 골치'라는 신문 제목을 '민원 늘어 머리'나 '민원 늘어 머릿골'로 써야 한다고?

¶

조용하고 정확한 글은 힘이 세다

　교통사고 현장에서 목소리 크게 내면 이기던 시절은 지나갔다. 진짜 고수는 조용히 내려서 바퀴 표시 스프레이를 뿌리고, 휴대폰을 꺼내 사진을 찍는다. 별말 없이⋯. 그럴 때 상대의 공포감(?)은 더해지는 것이다.

　말글살이도 마찬가지. 사람이기에, 자꾸만 세게 발음하고 강하게 소리 내려는 욕심이 들게 마련이다. 하지만 문법 · 맞춤법에 어긋나지 않는 조용하고 정확한 말 · 글이 더 힘이 세고 설득력도 높아지는 법. 힘을 빼야 힘이 세어지는 아이러니다.

　어디선가 본, 발색제이자 방부제인 아질산나트륨을 넣지 않은 명란젓을 판다는 광고 문구는 '명란젓의 화장빨을 지우다'였다. 아래는 흔히 보는 연예 기사 제목.

　〈강소라, 셀카 못찍는다더니⋯ 화장실 조명빨 셀카 공개〉

　하지만 '화장빨, 조명빨'은 '화장발, 조명발'로 써야 한다. 〈표준국어대사전〉을 보자.

　　　　　　　　좋은 문장을 쓰고 싶다면

-발 ① (몇몇 명사 뒤에 붙어)'기세' 또는 '힘'의 뜻을 더하는 접미사. ② (일부 명사 뒤에 붙어)'효과'의 뜻을 더하는 접미사.

이 가운데 ②가 바로 '화장발, 조명발'에 대한 풀이. 그러니, 접미사 '-발'은 비록 [빨]로 소리 나더라도 '발'로 써야 한다.

'조금 더 참고 버텨야 했는데 참을성이 좀 딸려서 그만 회사에서 짤렸다.'

이 글에서는 '짤렸다'가 '잘렸다'라야 했다. '짤리다'를 쓰면 '잘리다'보다 분명한 느낌도 들겠지만, 옳은 표현은 아니다. '자르다'를 '짜르다'로 쓰지 않는 것과 마찬가지. 또, '딸려서' 도 '달려서'라야 했다. 사전을 보자.

달리다 재물이나 기술, 힘 따위가 모자라다

그러니 '힘이 딸리다/머리가 딸리다'라고 쓰면 잘못이다. 아래는 한 정치인이 인사 청탁 의혹에 대해 낸 해명이다.

''ㄱ'씨가 용역회사나 중진공 대구경북연수원에 입사하는데 관여한 일은 결단코 없었다는 말씀을 드립니다. 속된 말로 국회의원 '빽'을 썼으면 소규모 외주 용역회사 직원으로 밖에 못 보냈겠습

니까?'

여기선 '빽'이라는 말이 문제다. 사전을 보자.

빽 → 백(back).

백(back) 뒤에서 받쳐 주는 세력이나 사람을 속되게 이르는 말.

'백'을 '빽'으로 잘못 쓴 것이다. 게다가, 풀이에 나와 있듯이 이 말은 '속되게 이르는 말', 그러니까 '속된 말'이다. 해명서에도 '속된 말로'라는 표현이 있는 걸 보면 알고도 썼다는 얘긴데, '빽을 썼으면' 대신 '뒷배를 봐 줬으면' 정도로 썼더라면 싶다.

서울에도 사투리가 있나요?

지금 대한민국은 말 그대로 '서울공화국'이요, '수도권공화국'이다. 2020년엔 수도권 인구 비율이 50%를 넘겼다. 종합부동산세를 낸 사람 둘 가운데 하나는 서울에 살고, 수도권에는 자그마치 80%가 산다. 수도권은 사람도 돈도 몰려서 미어터질 지경이고, 다른 지역은 박탈감 때문에 속이 터질 지경이다. 그나마 가끔 들을 수 있었던 '지방분권'이란 말조차 실종돼 버렸으니…. 살림살이며 인간관계, 줄타기며 나라 운영 할 것 없이 균형을 잡지 못하면 추락하게 마련인 진리를 앞에 두고 걱정만 쌓인다.

한데, 온갖 것들이 서울로 몰려가는 시대이지만, 서울이라고 무조건 옳은 것만은 아니다. 언제나 중심이고 표준일 것 같은 서울이지만 틀릴 때도 있는 것이다.

'우리 애가 보기엔 저래 봬도 한껏 차리고 나서면 얼마나 예쁘다구.'

흔히 쓰는 표현이라서 그냥 넘어가기 쉽지만, '예쁘다구'는 표준어가 아니다. 우리말에 '-구/-다구'라는 연결어미나 종결어미는 없기 때문이다. 제대로 된 어미는 '-고/-다고'. 그러니 여기선 '…얼마나 예쁘다고'로 써야 한다.

'-구/-다구'로 끝내는 이런 말투는 주로 서울 지방에서 많이 쓰기 때문에 '서울 사투리'라고 이름 붙일 만하다. 하지만 어느새 온 나라에 퍼져 부산이나 전라도 아이들마저 "뭐라구, 했다구" 따위 말을 하고 있으니 이젠 '전국 사투리'라고 해야 할 판.

'알고 보면 우리 과장님이 얼마나 좋은 분이라구.'
'말을 듣고 보니 기분이 살짝 나빠지더라구.'

여기 나오는 종결어미 '-라구'도 '-라고'라야 하니 '좋은 분이라고, 나빠지더라고'로 써야 옳다.

"혹시 고양이가 이리로 올지도 모르니까 대문을 잘 막어!"

'막아' 대신 '막어'라고 하는 이런 말투도, 다행히 아직 널리 퍼지진 않았지만, 마찬가지로 서울 사투리이니 따라 쓰면 안 된다.

'줍다'의 활용에도 서울 사투리가 등장한다. "내가 줏은 건데 뭣 때문에 네가 달라고 그래!"에 나오는 '줏은'이 바로 그것. 다 알다시피 기본형 '줍다'가 'ㅂ불규칙용언'이므로 '주운'이 옳다. '줏었어' 역시 '주웠어'를 잘못 활용한 사투리.

좋은 문장을 쓰고 싶다면

부동산 투자냐, 투기냐

이름을 제대로 부르자

"저는 성인용품이란 용어 자체가 잘못되었다고 봐요. 성인용품이
아니라 그냥 성기구라고 부르는 게 맞죠."

『이기적 섹스』의 저자이자 섹스토이숍 운영자인 은하선 섹
스칼럼니스트가 한 이야긴데, 말인즉슨 옳다. 성인이 입는 옷
이나, 쓰는 모자나, 신는 양말도 모두 성인'용품'이니, 저건 그
냥 '성기구'라 부르는 게 적확할 터. 어쨌거나, 모든 일은 이름
을 제대로 부르는 데서 출발해야 한다. 그게 혼란을 막는 기본
이다.

대부분 역사서는 승자가 남긴 기록이어서 패자나 기층 민중
이 내는 목소리는 제대로 담길 여지가 거의 없다. 마찬가지로,
모든 개인 역시 자기 위주로 생각하거나 기록을 남긴다. 그러
자면 불리한 건 숨기고 유리한 건 더 드러내려 하기 마련. 그
러니 말에 숨어 있는 속뜻과 의도를 놓치지 않아야 속지 않고
세상을 살아갈 수 있을 터. 이를테면, 너도나도 '부동산 투기'
에 달려드는 시절이 되니 어느새 세상은 이를 '부동산 투자'나
'재테크'라 바꿔 부른다. 하지만, 어떻게 부르든 저렇게 얻는
소득은 그냥 '불로소득'일 뿐이다. 요즘은 듣기도 어려운 말이

지만….

〈검찰, MBN 본사 압수수색..차명대출·분식회계 의혹〉이라는 기사 제목에 나온 '분식회계'라는 말에도 속임수가 있다. 저런 짓은 바로 '장부 조작'이고, '회계 부정'인 것. 한데 이를 두고 단순히 분칠을 한다[粉飾]고 표현하는 건, 불법을 조장하는 짓이나 다를 바 없다.

'다국적기업 등이 세금을 적게 낼 목적으로 조세피난처(tax haven)로 옮긴 자금이 세계 해외직접투자(FDI)의 40% 가까이에 이른다는 조사 결과가 나왔습니다.'

이런 뉴스에 나오는 '조세피난처'도 정확한 명명이 아니다. 어느 신문처럼 '조세회피처'로 쓰거나, 어느 시민단체처럼 '조세도피처'로 써야 할 터.

1967년 일본은 무기 수출 3원칙을 만들었다. '① 공산국가 ② 유엔결의로 무기 수출이 금지되어 있는 국가 ③ 국제분쟁 당사국이나 우려가 있는 국가에 무기 수출을 금지한다'는 것. 한데, 2014년 무기 수출을 추진하면서 저 원칙을 '방위장비 해외이전을 위한 3원칙'으로 변경했다. '무기'를 '방위장비', '수출'을 '해외이전'으로 바꾼 것. 이 정도면 말장난도 예술이다. 하긴, 패전을 종전이라 하고 후퇴를 '전진(轉進)'이라 부르는 나라이니….

일본은 또 후쿠시마 원전 사고 이후 감당하기 힘들 정도로 늘어나는 고농도 방사성 오염수를 '체류수(滯留水)'라 부른다.

좋은 문장을 쓰고 싶다면

역시 예술급 명명인데, 사실 후쿠시마 '원전'(일본식 표현으로는 '원발(原發)')도 후쿠시마 '핵발전소'로 불러야 인류와 지구상 생명체들에게 끼친 폐해가 더 생생해진다. 진단이 정확해야 바른 치료법을 찾을 수 있듯이, 명명이 정확해야 올바른 인식이 가능할 터.

¶
말 속에 숨은 차별주의

'실제 지방구단의 한 선수는 공을 던질 때마다 타석을 벗어나 한참 자세를 가다듬은 뒤 돌아왔다.'

서울에서 발행되는 한 일간신문에 실린 프로야구 기사인데, 궁금하다. 왜 굳이 '지방구단'이라고 했을까. 서울구단이 아니라는 걸 반드시 밝혀야 했을까. 서울 연고 구단 3개를 빼면, 전체 10개에서 겨우 7개로 줄어드니 범위가 확 좁혀지는 것도 아닌데…. 그러니, 저 '지방구단'은 서울에 있는 구단이 아니라는, 차별적인 표현의 혐의가 짙다.

'왕조시대 서울은 높은 곳, 지방은 낮은 곳이라는 개념이 뿌리를 내리고 있었던 것이다. 지금도 마찬가지다. 서울은 정치·경제·인구 등 국가의 모든 요소가 집중된 곳으로 그 중요성이 여전하므로 "서울로 올라간다"는 말은 아직도 어색하게 들리지 않는다. …여전히 가장 높은 역은 서울역이고 사람들은 오늘도 서울로 올라간다.'

서울 지역 일간신문 기자가 쓴 책에 나오는 구절이다. 서울 외의 지역에서는, 생각 있는 사람들이 '서울로 올라가다, 상경하다, 지방으로 내려가다' 따위 표현을 쓰지 않은 지 오래됐는데, 아직도 서울 쪽에서는 이런 생각들인 모양이다. 하긴, 신문마저 '중앙지/지방지'로 분류하는 판이니…. 〈표준국어대사전〉 뜻풀이도 이렇다.

> **중앙지** 서울에 본사가 있는 신문사가 전국에 보급하는 신문.
> **지방지** 어떤 지방을 대상으로 하여 발행하는 신문.

그렇다면, 본사를 서울 밖으로 옮기면 중앙지는 지방지가 되는 것인가. 그러니, 이제는 '전국지/지역지'로 부르는 게 좋겠다. 단지 본사가 서울에 있다고 '중앙'지라고 부르는 것은, 5·16쿠데타 때문에 사라졌던 지방자치가 부활한 지도 20여 년이 지난 오늘엔 별로 어울리지 않는다. 본사 소재지와 상관없이 보급지역이 전국이면 전국지, 어느 한 지역이면 지역지…. 깔끔하지 않은가. 한국ABC협회도 일간지를 '전국지/지역지'로 분류한다.

'중앙/지방'으로 생각하는 이분법이 위험한 것은, 자칫 차별로 이어지기 쉽기 때문이다. '많고 크고 세고 옳은 중앙'에 비해 '적고 작고 약하고 그른 지방'이라 생각하다 보면 부산에 신공항을 짓는 것은 세금 낭비요, 핵발전소나 사드같이 위험한 건 서울에서 멀리멀리 떨어뜨리는 게 올바른 정책이라 여기기 십상이다. 말은 생각과 정신을 담는 그릇이다. 그러니 지

방 차별을 차단하는 첫걸음은 '상경하다/서울로 올라가다' 따
위 표현부터 쓰지 않는 것일 터.

¶

담백한 글을 위하여

외래어 · 외국어투성이 글을 '보그병신체'라고들 한다. 자기 과시에다 독자를 생각지 않는 게 특징이라 할 만하다.

'땀내 물씬 풍기는 스포츠웨어는 노, 이제는 액티비티 스타일이 대세다. 바이크, 테니스, 러닝… 지금 가장 핫한 스포츠를 즐기는 리얼 패션 피플은? 패피들의 쏘 시크 액티비티 스타일, 운동별 스니커즈와 액세서리까지 액티비티 스타일에 대해 궁금한 모든 것, 웰컴 투 마이 로커 룸!'

어느 패션잡지에 실린 글인데, 심지어 '패션 피플'도 모자라 '패피'로 줄여서까지 쓰는 걸 보면 이런 문체가 어디까지 번져갈지 몰라 징그럽다.

한데, 외래어 한 자 쓰지 않고도 읽는 이를 절망에 빠뜨리는 글이 있다.

'지적인 담론에 의해 너무 쉽게 회수된 노동의, 희생의, 죄의식의, 분리의, 교환의, 생존의 거부는 욕망의 세련화 운동에 매달리기 위해, 삶을 소진시키고 파괴하는 것과 함께 획득된 삶의 일상적 어린

시절에 매달리기 위해 이의를 넘어선 또는 이의에 미치지 못하는 명석함을 먹고 자랐다.'

어느 번역서의 서문 가운데 한 문장이다. 그런데 세 번, 네 번 읽어도 해석이 되질 않는다. 과연 번역자는 이 문장의 뜻을 알까. 이해했다면 왜 좀 더 쉽게 다듬지 않았을까. 이런 글은, 글이 문자의 나열이 아니라 소통을 위한 도구라는 걸 잊어서 생긴 '번역병신체'라 할 만하다.

'너무 늦어버리기 전에, 내가 원하는 삶을 찾고 싶어서 '직업으로서의 정치'를 떠납니다. 지난 10년 동안 정치인 유시민을 성원해주셨던 시민여러분, 고맙습니다. 열에 하나도 보답하지 못한 채 떠나는 저를 용서해 주십시오.'

유시민 전 장관이 정계은퇴를 선언하며 트위터에 남긴 글이다. 이를 두고 김두식 경북대 교수는 '군더더기 하나 없는 담백한 문장'이라서 '유쾌했다'고 했다.

뭐, 유쾌함까지 바라지는 않는다. 글이라는 게 어차피 소통하기 위한 도구이니 어떻게 해서든 독자가 알아보기 어렵게 쓰려고 힘쓸 일은 아니지 않을까. 쉽고 짧게만 써 주셔도 고맙겠다. 모든 글 쓰는 이에게 드리는 부탁이다.

좋은 문장을 쓰고 싶다면

'노박 조코비치(2위 · 세르비아)가 라파엘 나달(1위 · 스페인)과 시즌 첫 맞대결을 승리로 장식했다. 나달의 활약 속에 세르비아는 남자프로테니스(ATP) 컵 초대 우승 트로피를 들어올렸다.'

이런 기사를 볼 때면 독자들이야 잘못 쓴 기자를 나무라겠지만, 교열(어문)기자들은 대개 낙담하고 있을 동료 교열기자들을 떠올린다.(신문사에 교열 기능이 살아 있다는 걸 전제로 하는 얘기다.) 교열기자는 '조코비치의 활약'을 '나달의 활약'으로 잘못 쓴 취재기자가 야속하겠지만, 그래도 어쨌거나 저걸 찾아내 바로잡아야 했던 것. 물론 제대로 바로잡았더라도 지면에서는 전혀 잘한 표시가 나지 않는다. 해서, 교열기자들 업무를 잘해야 '본전'이라고들 한다. 뭔가 불공평한 듯하지만, 뭐, 그게, 운명이다. 가여운 동업자들!

'저장(浙江)성 항저우(杭州)는 눈으로는 서호(西湖), 혀로는 동파육(東坡肉育)을 각각 즐기는 명소다. 동파는 북송 시대 문장가이자 관료였던 소식(蘇軾 · 1037~1101년)의 호다.'

이 기사에선 '동파육(東坡肉育)'이라는 구절이 예사롭지 않다. 대개 독자 눈에는 '育'이라는 한자 하나가 그냥 잘못 들어간 것으로 보일 터. 하지만 교열기자 눈에는 원래 '동파육(東坡育)'으로 돼 있던 원고에서 잘못인 '育'을 찾아내 숨김 처리한 뒤 '肉'을 집어넣었는데, 제작 과정에서 숨긴 글자가 그만 드러나 버린 실수가 보이는 것이다.(아니면 깜박 잊고 '育'을 지우지 않아서 생긴 실수이거나….)

교열기자가 가장 당혹스러운 순간은 제대로 된 글을 잘못 고쳤을 때이다. 이를테면 글쓴이가 김영삼 전 대통령이 즐겨 쓰던 좌우명 '大道無門(대도무문)'을 비틀어서 '大盜無門'이라고 썼는데, 저 '盜'를 씩씩하게 '道'로 바꾸는 일 같은…. 수십 년 전 초짜 시절, 저런 잘못을 저지르고는 사과했던 기억이 아직도 생생하다.

'검찰이 조국 전 법무부 장관(54) 아들(23)의 허위 인턴활동확인서 중 하나를 최강욱 청와대 공직기강비서관(51·사진)이 직접 발급했다고 파악 중인 것으로 확인됐다.'

이런 문장 역시 글을 쓴 기자와 제대로 고치지 않은 부장(데스크)이 잘못했지만, 교열기자 책임도 작지 않다. '직접 발급했다고 파악 중인 것으로 확인됐다'라면, 취재기자는 '파악 중'이라는 것만 확인했을 뿐인데, 독자들은 '직접 발급했다'는 것으로 잘못 읽을 수 있기 때문이다. 기사에 따르면 '직접 발급'은 확인되지 않았다.

이처럼 신문 기사에는 교열기자들의 땀방울과 실수, 안

좋은 문장을 쓰고 싶다면

타까움이 글자마다 배어 있기 마련이지만, 요즘은 아예 교열을 거치지 않은 날것 그대로인 기사가 점점 느는 듯해 아쉬움이 날로 커진다.

찾아보기

좋은 문장을 쓰고 싶다면

좋은 문장을 쓰고 싶다면

초판 1쇄 발행 2020년 10월 9일
    2쇄 발행 2021년 5월 20일

지은이 이진원
펴낸이 강수걸
편집장 권경옥
편집 강나래 박정은 윤은미 최예빈 김리연 신지은
디자인 권문경 조은비
경영지원 공여진
펴낸곳 산지니
등록 2005년 2월 7일 제333-3370000251002005000001호
주소 부산시 해운대구 수영강변대로 140 BCC 613호
전화 051-504-7070 | 팩스 051-507-7543
홈페이지 www.sanzinibook.com
전자우편 sanzini@sanzinibook.com
블로그 sanzinibook.tistory.com

ISBN 978-89-6545-673-5 03700